Ricettario sulle Insalate, Ricettario A Base Vegetale, Binge Eating, Fitness Nutrizione & L'Allenamento a Corpo Libero

Indice

RICETTARIO SULLE INSALATE IN ITALIANO **6**

CAPITOLO 1: RICETTE TRADIZIONALI DI INSALATA **7**

CAPITOLO 2: RICETTE DI INSALATE FACILI E VELOCI...... **14**

CAPITOLO 3: RICETTE DI INSALATA DI GRUPPO................ **21**

CAPITOLO 4: INSALATE PER TUTTA LA FAMIGLIA............ **29**

CAPITOLO 5: INSALATE PER IL PRANZO............................ **38**

CONCLUSIONE **45**

RICETTARIO A BASE VEGETALE IN ITALIANO **46**

INTRODUZIONE **47**

CAPITOLO 1: PIATTI PRINCIPALI **49**

CAPITOLO 2: DESSERT **14**

CAPITOLO 3: FRULLATI **28**

CAPITOLO 4: INSALATE **41**

CONCLUSIONE **56**

BINGE EATING IN ITALIANO.. **57**

INTRODUZIONE **58**

CAPITOLO 1: IDENTIFICARE E SUPERARE LE CAUSE **59**

CAPITOLO 2: GESTITE IL CIBO.. **63**

CAPITOLO 3: PORRE FINE ALLA DIETA E AD **67**

CAPITOLO 4: CREARE UN' ALIMENTAZIONE 72

CAPITOLO 5: ACCETTAZIONE DI SÉ ED EVITARE 76

CONCLUSIONE 80

FITNESS NUTRIZIONE IN ITALIANO 82

INTRODUZIONE 83

CAPITOLO 1: PETTO, SPALLE E TRICIPITI 85

CAPITOLO 2: ADDOMINALI, SSCHIENA E BICIPITI 88

CAPITOLO 3: MUSCOLI POSTERIORI DELLA COSCIA 92

CAPITOLO 4: CARDIO HIIT 95

CAPITOLO 5: ADDOMINALI 99

CAPITOLO 6: OBLIQUI 102

CAPITOLO 7: ESTERNO E INTERNO COSCE 105

CAPITOLO 8: SEDERE 107

CAPITOLO 9: SCHIENA 108

CAPITOLO 10: NUTRIZIONE E FITNESS VANNO DI 110

CAPITOLO 11: I MIGLIORI SETTE DELIZIOSI PIATTI 112

L'ALLENAMENTO A CORPO LIBERO IN ITALIANO 120

INTRODUZIONE 121

CAPITOLO 1: PERCHÉ L'ALLENAMENTO A CORPO 123

CAPITOLO 2: ALLENAMENTI PER LA PARTE 127

CAPITOLO 3: ALLENAMENTI PER LA PARTE 137

CAPITOLO 4: ALLENAMENTO ADDOMINALE.................... **145**

CONCLUSIONE... **152**

eventuali disagi o danni che possono accadere loro dopo aver intrapreso le informazioni qui descritte.

Inoltre, le informazioni nelle pagine seguenti sono intese solo a scopo informativo e dovrebbero quindi essere considerate universali. Come si addice alla sua natura, è presentato senza garanzia per quanto riguarda la sua validità prolungata o la qualità provvisoria. I marchi citati sono fatti senza il consenso scritto e non possono in alcun modo essere considerati un'approvazione da parte del Titolare del marchio.

Ricettario sulle Insalate In italiano/ Salad Cookbook In Italian

Capitolo 1: Ricette Tradizionali Di Insalata

Insalata classica di tre fagioli

Totale preparazione e tempo di cottura: 9 ore
Rese: 6 Porzioni

Cosa usare

- Pepe (come desiderato)
- Sale (come desiderato)
- Fagiolini (450 gr)
- Zucchero bianco (50 gr)
- Olio vegetale (100 ml)
- Aceto (100 ml)
- Peperoni (120 gr sgocciolati, tritati)
- Peperone verde (250 gr)
- Sedano (250 gr)
- Cipolla (250 gr tritata)
- Fagioli rossi (450 gr)
- Fagioli di cera gialla (450 gr)
- Fagiolini (450 gr)

Cosa fare

- In una ciotola da portata, unire il peperone verde, il sedano, la cipolla, I fagioli, i fagioli di cera gialla, i peperoni e i fagiolini e mescolare bene per unire accuratamente.
- In una casseruola, unire il pepe, il sale, lo zucchero l'olio e l'aceto e mescolare bene prima di mettere la casseruola sul fuoco sopra un bruciatore girato a fuoco vivo e lasciarlo bollire, mescolando per tutto in modo che lo zucchero si dissolva.

- Mescolare l'insalata con il condimento per ricoprirla prima di mettere il piatto da portata in frigorifero per almeno 8 ore per permettere ai sapori di mescolarsi correttamente.

Insalata classica di cetrioli e pomodori israeliani

Totale preparazione e tempo di cottura: 20 minuti
Rese: 6 Porzioni

Cosa usare

- Pepe (come desiderato)
- Sale (come desiderato)
- Succo di limone (20 ml)
- Olio d'oliva (100 ml)
- Aglio (15 gr)
- Peperone rosso (1 tagliato a dadini, seminato)
- Cipolla viola (100 gr dadini)
- Pomodori Roma (4 dadini, seminati)
- Cetrioli Inglesi (4 dadini)

Cosa fare

- Unire il pepe, il sale, il succo di limone e l'olio d'oliva in una piccola ciotola e mescolare bene per unire accuratamente.
- Aggiungere i cetrioli inglesi, i pomodori Roma, la cipolla viola, il peperone rosso e l'aglio tritato in una ciotola da portata e mescolare bene.
- Mescolare con il condimento per assicurarsi che sia completamente ricoperto.

Insalata classica a sette strati

Totale preparazione e tempo di cottura: 50 minuti
Rese: 8 Porzioni

Cosa usare

- Pepe (come desiderato)
- Sale (come desiderato)
- Pancetta (100 gr cotta, sbriciolata)
- Castagne d'acqua (120 gr sgocciolate, affettate)
- Piselli (300 gr congelati, scongelati)
- Olive nere (170 gr sgocciolate, affettate)
- Pomodori Roma (a piacere, tritati)
- Lattuga Iceberg (500 gr strappata)
- Maionese (300 gr)
- Formaggio Cheddar (400 gr tagliuzzato)

Cosa fare

- In una piccola ciotola, unire la maionese e il formaggio cheddar e combinare accuratamente.
- In una ciotola di vetro, formare la lattuga in uno strato solido sul fondo della ciotola. Coprire lo strato con uno strato di pomodori, seguito da uno strato di oliva nera, poi uno strato di piselli e infine uno strato di castagne d'acqua. Coprire con uno strato di formaggio cheddar e poi finire con uno strato di pancetta.
- Ricoprire lo strato di pancetta con uno strato fermo di pellicola trasparente e poi mettere l'insalata in frigorifero per almeno 30 minuti.
- Servire freddo.

Insalata di cetrioli classica

Totale preparazione e tempo di cottura: 135 minuti
Rese: 6 Porzioni

Cosa usare

- Pepe (come desiderato)
- Sale (come desiderato)
- Cipolla bianca (1 a fette in anelli)
- Pomodori (3 incuneati)
- Cetrioli (3 affettati, sbucciati)
- Zucchero (50 gr)
- Olio vegetale (50 ml)
- Aceto bianco (100 ml distillato)
- Acqua (250 ml)

Cosa fare

- In una grande ciotola da portata, sbattere insieme il pepe, il sale, lo zucchero, l'olio, l'aceto e l'acqua prima di aggiungere la cipolla, I pomodori e il cetriolo e gettare a cappotto.
- Coprire la ciotola con pellicola trasparente e lasciare raffreddare in frigorifero per almeno due ore prima di servire.

Classica insalata di patate tedesca

Totale preparazione e tempo di cottura: 4 ore
Rese: 10 Porzioni

Cosa usare

- Pepe (come desiderato)
- Sale (come desiderato)
- Zucchero (20 gr)
- Acqua (100 ml)
- Aceto bianco (250 ml)
- Aglio (4 teste tritate)
- Cipolle dolci (2 dadini)
- Pancetta (140 gr)
- Patate rosse (2 kg tagliate a dadini)

Cosa fare

- Aggiungere le patate in una pentola prima di riempire la pentola con acqua in modo che le patate siano completamente coperte. Condire a piacere prima di mettere la pentola sul fornello sopra un bruciatore girato a fuoco alto. Lasciare bollire l'acqua prima di ridurre il fuoco a basso/medio e lasciare cuocere le patate per circa 20 minuti o fino a quando sono belle e tenere. Scolare le patate prima di aggiungerle a un fornello lento.
- Aggiungere la pancetta in una padella prima di mettere la padella sul fornello sopra un bruciatore girato a fuoco medio/alto e lasciandolo cuocere circa 10 minuti. Sbriciolare la pancetta e aggiungerla alle patate.
- Riscaldare la padella a fuoco medio, mantenendo il grasso di pancetta. Aggiungere le cipolle e lasciarle cuocere 5

minuti prima di aggiungere l'aglio e cuocere altri 2 minuti. Aggiungi i risultati al fornello lento.
- In una piccola ciotola, mescolare insieme il sale, lo zucchero, l'acqua e l'aceto e unire accuratamente prima di aggiungerlo alla parte superiore del fornello lento e mescolare bene.
- Lasciare cuocere il fornello lento, coperto, per 4 ore a fuoco basso.

Insalata greca classica

Totale preparazione e tempo di cottura: 10 minuti
Rese: 8 Porzioni

Cosa usare

- Pepe (come desiderato)
- Sale (come desiderato)
- Cipolla rossa (100 gr fette)
- Pomodori secchi (90 gr drenati, olio riservato)
- Pomodori Roma (700 gr a dadini)
- Olive nere (250 gr snocciolate, a fette)
- Formaggio Feta (300 gr sbriciolato)
- Cetrioli (3 affettati, seminati)

Cosa fare

- Unire tutti gli ingredienti in una ciotola da portata e mescolare bene.
- Mescolare con condimento a piacere.
- Coprire la ciotola con pellicola trasparente e raffreddare prima di servire.

Classica insalata mediterranea

Totale preparazione e tempo di cottura: 50 minuti
Rese: 4 Porzioni

Cosa usare

- Pepe (come desiderato)
- Sale (come desiderato)
- Limone (1 buccia)
- Origano (5 gr secco)
- Aglio (2 teste tritate)
- Aceto bianco (10 ml)
- Prezzemolo (20 gr)
- Olio extravergine di oliva (50 ml)
- Limoni (2 succo)
- Zucchine (3 spiralizzate)
- Kalamata oliva (100 gr snocciolate, dimezzate)
- Pomodorini (200 gr dimezzati)
- Cuori di carciofo (300 gr tritati, sgocciolati)

Cosa fare

- Unire le zucchine, le olive, i pomodori e i cuori di carciofo in una ciotola da portata e mescolare bene.
- In una ciotola separata, unire il pepe, il sale, la scorza di limone, l'origano, l'aglio, l'aceto, il prezzemolo, l'olio d'oliva e il succo di limone e mescolare bene per unire accuratamente.
- Aggiungere il condimento per l'insalata e gettare a cappotto.
- Coprire le zucchine con il formaggio feta prima di servire.

Capitolo 2: Ricette di Insalate Facili e Veloci

Insalata Di Chef

Totale preparazione e tempo di cottura: 15 minuti
Rese: 4 Porzioni

Cosa usare

- Pepe (come desiderato)
- Sale (come desiderato)
- Monterey Jack formaggio (120 gr triturato)
- Ravanelli (6 fette sottili)
- Avocado (1 snocciolato, affettato)
- Lattuga di Boston (1 Testa grande)
- Miele (10 ml)
- Panna acida (80 ml)
- Carote (4 fette)
- Germogli di erba medica (150 gr)
- Tacchino arrosto (450 gr affettato, strappato)
- Aceto di sidro di mele (20 ml)
- Latticello (80 ml a basso contenuto di grassi)

Cosa fare

- Unire il formaggio, le carote, i ravanelli, i germogli, l'avocado, il tacchino e la lattuga in una ciotola da portata e mescolare bene.
- In una piccola ciotola separata unire il pepe, il sale, il miele, l'aceto, la panna acida e il latticello e frullare bene.
- Mescolare con il condimento come desiderato prima di servire.

Insalata Tailandese

Totale preparazione e tempo di cottura: 20 minuti
Rese: 4 Porzioni

Cosa usare

- Pepe (come desiderato)
- Sale (come desiderato)
- Cetriolo inglese (1 dimezzato, sbucciato, tritato)
- Peperoncino Serrano (tritato)
- Succo di Lime (50 ml)
- Olio di cartamo (20 ml)
- Foglie di menta (1 manciata tritata)
- Zucchero di canna (20 gr)
- Salsa di pesce (20 ml)
- Cipolla rossa (120 gr fette sottili)
- Cavolo Napa (1 Testa)
- Braciole di maiale (4)

Cosa fare

- Mettere una padella sopra un bruciatore girato a fuoco vivo e lasciate scaldare per 5 minuti prima di aggiungere la metà del cavolo e lasciare cuocere circa 3 minuti, lanciando nel mezzo.
- Togliere il cavolo dalla padella, aggiungere 10 ml di olio e quindi aggiungere il maiale e cuocere ogni lato circa 2 minuti fino a quando la sua temperatura interna è di almeno 70° C.
- Togliere il maiale dalla padella e affettarlo una volta che si è leggermente raffreddato e unire tutti gli ingredienti in un piatto da portata e saltare per unire prima di dividere uniformemente tra i piatti con il cavolo sul fondo.

Insalata di pollo con fagiolini e ciliegie

Totale preparazione e tempo di cottura: 15 minuti
Rese: 4 Porzioni

Cosa usare

- Pepe (come desiderato)
- Sale (come desiderato)
- Ciliegia (50 gr essiccate)
- Rucola (140 gr)
- Confettura di albicocche (10 ml)
- Fagiolini (230 gr)
- Cotolette di petto di pollo (430 gr)
- Mandorle (50 gr affettate)
- Radicchio (1 Testa, triturato, animato)
- Senape di Digione (10 ml)
- Aceto di vino rosso (30 ml)
- Olio d'oliva (30 ml)

Cosa fare

- Aggiungere 10 ml di olio in una padella prima di metterlo su un bruciatore girato a fuoco vivo prima di aggiungere il pollo stagionato e cuocere circa 1,5 minuti per lato fino a raggiungere una temperatura interna di 80° C. Rimuovere il pollo dalla padella e affettarlo quando è freddo.
- Aggiungere 2 pollici d'acqua in una casseruola e metterla su un bruciatore a fuoco alto e lasciarla bollire prima di aggiungere i fagiolini e lasciarli cuocere circa 4 minuti. Risciacquare con acqua fredda e scolare.

- In una piccola ciotola, unire 20 ml di olio, senape, marmellata e aceto e frullare bene prima di condire a piacere
- Aggiungere gli altri ingredienti in una ciotola da portata e mescolare bene.
- Impiattare l'insalata, aggiungere il pollo e poi il condimento prima di servire.

Insalata di bistecca

Totale preparazione e tempo di cottura: 20 minuti
Rese: 4 Porzioni

Cosa usare

- Pepe (come desiderato)
- Sale (come desiderato)
- Carote (3 tagliate a fette)
- Lattuga a foglia rossa (1 Testa strappata)
- Senape di Digione (10 ml)
- Olio di oliva (20 ml)
- Ravanelli (8 squartati)
- Aglio (1 spicchio tritato)
- Aceto di vino bianco (20 ml)
- Piselli Snap (230 gr dimezzato, cotto a vapore)
- Bistecca alla griglia (430 gr dimezzata)

Cosa fare

- Scaldate il vostro broiler prima di mettere la bistecca su una teglia foderata di carta stagnola (condita a piacere) e far rosolare la bistecca per 4 minuti. Rimuovere la bistecca dalla griglia e tenda nella carta stagnola per tenerlo caldo.

- Unire l'aglio, la senape, l'aceto e l'olio e frullare bene per combinare accuratamente. Gettare la lattuga usando metà del condimento.
- Tagliare la bistecca e posizionarla con gli altri ingredienti sopra l'insalata gettata. Ricoprire con il condimento prima di servire.

Insalata di pollo con pistacchi e feta

Totale preparazione e tempo di cottura: 20 minuti
Rese: 4 Porzioni

Cosa usare

- Pepe (come desiderato)
- Sale (come desiderato)
- Feta (120 gr sbriciolata)
- Prezzemolo (100 gr)
- Coriandolo (2 gr)
- Olio d'oliva (50 ml)
- Arance Navel (2 dimezzate, tagliate sottili)
- Scalogno (1 mazzetto affettato sottile)
- Lattuga romana (1 Testa tritata)
- Cotolette di pollo (430 gr)
- Aceto di vino bianco (50 ml)
- Pistacchio (100 gr)

Cosa fare

- Aggiungere i pistacchi in una padella prima di mettere la padella su un bruciatore girato a fuoco medio. Il tutto a cuocere per 7 minuti, mescolando regolarmente.
- Una volta che si sono raffreddati metterli in una ciotola e frusta in aceto, olio, sale e pepe e mescolare bene.

- Aggiungere il resto dell ' olio nella padella prima di condire il pollo e cuocerlo circa 2 minuti per lato o fino a quando la sua temperatura interna raggiunge i 80° C. affettare il pollo una volta raffreddato.
- Unire lo scalogno, il prezzemolo, la lattuga e i pistacchi con il condimento e saltare bene. Impiattare l'insalata prima di guarnire con arance, feta e pollo.

Insalata di spinaci con salmone

Totale preparazione e tempo di cottura: 15 minuti
Rese: 4 Porzioni

Cosa usare

- Pepe (come desiderato)
- Sale (come desiderato)
- Pecan (50 gr)
- Pomodori d'uva (1 pinta dimezzata)
- Vinaigrette balsamica (50 ml)
- Formaggio di capra (200 gr sbriciolato)
- Spinaci del bambino (300 gr)
- Filetto di salmone (4 pelle rimossa)

Cosa fare

- Mettere il salmone su una teglia foderata e condire a piacere prima di cuocere il pesce circa 7 minuti. Sfaldare il pesce una volta che si è raffreddato.
- Unire gli altri ingredienti insieme e piatto prima di topping con il pesce, noci pecan e formaggio di capra. Condire con vinaigrette prima di servire.

Insalata di zucchine con pollo

Totale preparazione e tempo di cottura: 30 minuti
Rese: 4 Porzioni

Cosa usare

- Pepe (come desiderato)
- Sale (come desiderato)
- Menta (40 gr tritata)
- Pecane (200 gr tritate)
- Spinaci (230 gr tritati)
- Zucchine (570 gr affettate sottili)
- Succo di limone (50 ml)
- Parmigiano (50 gr grattugiato)
- Cipolla rossa (120 gr fette sottili)
- Petto di pollo (450 gr)
- Olio d'oliva (50 ml)

Cosa fare

- Unire il succo di limone e l'olio in una ciotola da portata e mescolare bene prima di aggiungere le zucchine e gettare a cappotto. Lasciare che rimanga nella miscela mentre il pollo cuoce.
- Aggiungere il resto dell'olio in una padella prima di posizionare la padella su un bruciatore impostato a fuoco medio. Condire il pollo a piacere prima di aggiungerlo alla padella e lasciarlo cuocere fino a raggiungere una temperatura interna di 80 gradi.
- Aggiungere tutti gli ingredienti nella ciotola e mescolare bene prima di servire.

Capitolo 3: Ricette Di Insalata Di Gruppo

Insalata di rucola con pollo

Totale preparazione e tempo di cottura: 20 minuti
Rese: 10 Porzioni

Cosa usare

- Pepe (come desiderato)
- Sale (come desiderato)
- Foglie di basilico (25)
- Rucola (140 gr)
- Vinaigrette balsamica (50 ml)
- Pomodori d'uva (300 gr)
- Mozzarella (1 kg cubato)
- Zucchine (5 spiralizzate)

Cosa fare

- Aggiungere la vinaigrette, i pomodori, la mozzarella e le zucchine in una ciotola da portata e mescolare bene. Mettere in frigorifero fino a quando non si è pronti a servire.
- Prima di servire mescolare il basilico e la rucola.

Caesar salad sandwich

Totale preparazione e tempo di cottura: 25 minuti
Rese: 10 Porzioni

Cosa usare

- Pepe (come desiderato)
- Sale (come desiderato)
- Parmigiano (300 gr triturato)
- Condimento per insalata Caesar (500 ml)
- Lattuga romana (2,5 teste squartate)
- Pomodori (2,5 dimezzati)
- Aglio (5 teste tagliate a metà)
- Olio d'oliva (70 ml)
- Baguette (2,5)

Cosa fare

- Preparare la griglia a bassa temperatura e assicurarsi che la griglia sia oliata.
- Tagliare le baguette in quarti e spennellare con olio d'oliva.
- Grigliare i pezzi di baguette per circa 2 minuti per lato. Strofinare il pane con pomodori e aglio e metterlo da parte.
- Utilizzare il resto dell'olio d'oliva per spennellare la lattuga romana e poi grigliarla per circa 2 minuti per lato. Condire con sale e metterlo da parte.
- Mettete la lattuga sopra la baguette e completate con la salsa Caesar e il parmigiano.

Insalata Di Cavolo

Totale preparazione e tempo di cottura: 10 minuti
Rese: 10 Porzioni

Cosa usare

- Pepe (come desiderato)
- Sale (come desiderato)
- Mirtilli rossi (300 gr essiccati)
- Semi di girasole (300 gr)
- Pomodoro (2,5 dadini)
- Cavolo nero (2,5 grappoli tritati)
- Zucchero bianco (10 gr)
- Olio d'oliva (30 ml)
- Olio di colza (30 ml)
- Succo di limone (300 ml)

Cosa fare

- In una ciotola da portata, sbattere insieme l'olio, il sale, il pepe e il succo di limone e unire accuratamente.
- Mescolare i mirtilli, i semi di girasole, il pomodoro e il cavolo e mescolare per combinare prima di servire.

Insalata di anguria con spinaci

Totale preparazione e tempo di cottura: 20 minuti
Rese: 10 Porzioni

Cosa usare

- Pepe (come desiderato)
- Sale (come desiderato)
- Pezzi di anguria (1,20 kg)
- Formaggio Feta (300 gr)
- Pomodori a grappolo (600 gr dimezzati)
- Cipolla rossa (600 gr a fette sottili)
- Foglie di spinaci per bambini (1,20 kg)
- Rucola (1,20 gr)
- Aceto balsamico (15 ml)
- Olio Extra vergine di oliva (80 ml)

Cosa fare

- In una ciotola da portata, sbattere insieme l'olio, il sale, il pepe e l'aceto balsamico e unire accuratamente.
- Mescolare i pomodori, le cipolle, gli spinaci e la rucola e mescolare per unire prima di servire. Aggiungere il formaggio feta e l'anguria e servire.

Insalata Verde

Totale preparazione e tempo di cottura: 10 minuti
Rese: 10 Porzioni

Cosa usare

- Pepe (come desiderato)
- Sale (come desiderato)
- Formaggio Feta (140 gr sbriciolato)
- Mandorle (300 gr a fette)
- Insalata mista (2 kg)
- Avocado (2,5 cubetti, snocciolati, sbucciati)
- Aglio (5 teste tritate)
- Succo di limone (10 ml)
- Prezzemolo (10 gr tritato)
- Zucchero bianco (2 pizzichi)
- Senape di Digione (30 gr)
- Aceto di vino bianco (60 ml)
- Olio d'oliva (70 ml)

Cosa fare

- In una ciotola da portata, sbattere insieme l'olio, l'aceto, l'aglio, il succo di limone, il prezzemolo, lo zucchero, il pepe, il sale e la senape e unire accuratamente.
- Mescolare le verdure di insalata e mescolare per combinare prima di servire. Coprire con formaggio feta e mandorle affettate e servire.

Insalata con vinaigrette di mirtilli rossi

Totale preparazione e tempo di cottura: 20 minuti
Rese: 10 Porzioni

Cosa usare

- Pepe (come desiderato)
- Sale (come desiderato)
- Verdure miste (600 gr)
- Formaggio blu (140 gr)
- Cipolla rossa (120 gr fette sottili)
- Acqua (30 ml)
- Aglio (3 gr tritato)
- Senape di Digione (15 ml)
- Mirtilli rossi (60 gr)
- Olio d'oliva (80 ml)
- Aceto di vino rosso (40 ml)
- Mandorle (300 gr a fette)

Cosa fare

- Assicurarsi che il forno è riscaldato a 180° C.
- Mettere le mandorle su una teglia in un unico strato e mettere la teglia in forno per 5 minuti.
- Aggiungere l'acqua, il pepe, il sale, l'aglio, la senape, i mirtilli rossi, l'olio e l'aceto in un robot da cucina e lavorare bene.
- Aggiungere il formaggio blu, cipolla, mandorle e insalata in una ciotola, top con il condimento e mescolare bene prima di servire.

Insalata italiana

Totale preparazione e tempo di cottura: 15 minuti
Rese: 10 Porzioni

Cosa usare

- Pepe (come desiderato)
- Sale (come desiderato)
- Succo di limone (30 ml)
- Aceto balsamico (80 ml)
- Basilico (30 ml)
- Olio di vinaccioli (80 ml)
- Pomodorini (20)
- Peperone verde (1 affettato)
- Peperone rosso (1 affettato)
- Cipolle verdi (80 gr tritare)
- Lattuga a foglia rossa (400 gr)
- Radicchio (400 gr)
- Scarola (400 gr)
- Lattuga romana (700 gr)

Cosa fare

- In una ciotola da portata, aggiungere i pomodorini, il peperone verde, il peperone rosso, la foglia rossa, lo scalogno, il radicchio, la scarola e la lattuga romana e unire accuratamente.
- In una piccola ciotola a parte sbattere nel pepe, sale, succo di limone, aceto, basilico e olio e combinare accuratamente.
- Unire le due ciotole e gettare e servire.

Insalata di casa

Totale preparazione e tempo di cottura: 15 minuti
Rese: 10 Porzioni

Cosa usare

- Pepe (come desiderato)
- Sale (come desiderato)
- Parmigiano Reggiano (250 gr)
- Aceto di vino rosso (150 ml)
- Olio Extra vergine di oliva (250 ml)
- Peperoni (120 gr tagliati a dadini)
- Cipolla rossa (300 gr)
- Cuori di carciofo (400 gr squartati, drenati)
- Lattuga Iceberg (300 gr)
- Lattuga romana (1,75 teste strappate)

Cosa fare

- Mescolare i peperoni, le cipolle rosse, i cuori di carciofo e le lattughe insieme e mescolare per combinare.
- In una piccola ciotola, sbattere insieme il formaggio, il pepe, il sale, l'aceto di vino rosso e l'olio d'oliva. Raffreddare prima di utilizzare per top insalata. Mescolare per ricoprire prima di servire.

Capitolo 4: Insalate per tutta la Famiglia

Insalata di patate dolci

Totale preparazione e tempo di cottura: 95 minuti
Rese: 4 Porzioni

Cosa usare

- Pepe (come desiderato)
- Sale (come desiderato)
- Parmigiano-Reggiano (4 cm)
- Foglie di rucola del bambino (200 gr)
- Olio di noci (150 ml)
- Olio Extra vergine di oliva (150 ml)
- Sale (2 gr)
- Salsa al peperoncino (a piacere)
- Senape di Digione (5 gr)
- Succo di limone (10 ml)
- Scalogno (1 tritato)
- Aglio (1 spicchio tritato)
- Peperoni rossi (dimezzati)
- Patate dolci (4 incuneate)
- Olio d'oliva (10 ml)

Cosa fare

- Assicurarsi che il forno è riscaldato a 220° C.
- Unire 10 ml di olio d'oliva con pepe e sale in una piccola ciotola prima di aggiungere i cunei di patate dolci e lanciare a cappotto.
- Impostare i peperoni su una teglia e posizionare le patate dolci intorno a loro.

- Mettere la teglia in forno per 45 minuti. Agitare la padella al segno di 20 minuti per evitare che si attacchi.
- Aggiungere lo scalogno e l'aglio in un robot da cucina e lavorare bene, aggiungere il pepe, il sale, la salsa piccante, la senape, il succo di limone e i peperoni e lavorare bene. Aggiungere gli oli e lavorare bene.
- Aggiungere la rucola in una ciotola e aggiungere il condimento prima di lanciare bene.
- Impiattare l'insalata, aggiungere le patate e il formaggio.

Insalata BLT

Totale preparazione e tempo di cottura: 25 minuti
Rese: 6 Porzioni

Cosa usare

- Pepe (come desiderato)
- Sale (come desiderato)
- Crostini (500 gr)
- Pomodori (2 tritati)
- Lattuga romana (1 Testa triturata)
- Aglio in polvere (5 gr)
- Latte (50 ml)
- Maionese (200 gr)
- Pancetta (140 gr)

Cosa fare

- Aggiungere la pancetta in una padella prima di mettere la padella sul fornello sopra un bruciatore girato a fuoco medio/alto. Lasciate cuocere la pancetta fino a quando croccante e poi sbriciolarsi.

- In un robot da cucina aggiungere sale, pepe, aglio in polvere, latte e maionese e lavorare bene.
- In una ciotola da portata, unire il condimento con i crostini, la pancetta, i pomodori e la lattuga e mescolare prima di servire.

Insalata di Orzo e spinaci

Totale preparazione e tempo di cottura: 20 minuti
Rese: 10 Porzioni

Cosa usare

- Pepe (come desiderato)
- Sale (come desiderato)
- Aceto balsamico (150 ml)
- Olio d'oliva (100 ml)
- Basilico (3 gr essiccato)
- Pinoli (200 gr)
- Cipolla rossa (150 gr tritata bene)
- Feta (200 gr sbriciolata)
- Spinaci baby (300 gr tritati)
- Orzo pasta (450 gr)

Cosa fare

- Aggiungere l'orzo ad una pentola piena di acqua leggermente salata prima di mettere la pentola sopra un bruciatore girato a fuoco vivo. Lasciare cuocere la pasta per 8 minuti prima di scolare la pentola e far scorrere la pasta sotto l'acqua fredda.
- In una ciotola da portata, sbattere insieme l'olio, il sale, il pepe e l'aceto balsamico e unire accuratamente.

- Mescolare la pasta, pepe, basilico, pinoli, cipolla e spinaci a e mescolare per unire prima di servire. Aggiungere il formaggio feta e l'anguria e servire.

Insalata asiatica

Totale preparazione e tempo di cottura: 35 minuti
Rese: 6 Porzioni

Cosa usare

- Pepe (come desiderato)
- Sale (come desiderato)
- Semi di sesamo (10 gr tostati)
- Cipolle verdi (3 tritate)
- Petto di pollo (2 dimezzato, triturato, cotto)
- Lattuga Iceberg (1 Testa tritata, essiccata, sciacquata)
- Tagliatelle di riso (230 gr cotte)
- Aceto di riso (30 ml)
- Olio vegetale (50 ml)
- Olio di sesamo (10 ml)
- Salsa di soia (5 gr)
- Zucchero di canna (20 gr)

Cosa fare

- In una ciotola da portata, sbattere insieme aceto di riso, olio di insalata, olio di sesamo, salsa di soia e zucchero di canna e combinare accuratamente. Tutto il condimento per sedersi 30 minuti prima di servire.
- Aggiungere la lattuga, i semi di sesamo, le cipolle verdi e il pollo nella ciotola da portata e mescolare bene. Lasciare

raffreddare tutto 10 minuti prima di guarnire con pollo e servire.

Insalata di barbabietole

Totale preparazione e tempo di cottura: 40 minuti
Rese: 10 Porzioni

Cosa usare

- Pepe (come desiderato)
- Sale (come desiderato)
- Formaggio di capra (60 gr)
- Olio Extra vergine di oliva (150 ml)
- Aceto balsamico (50 ml)
- Concentrato di succo d'arancia (150 ml congelato)
- Verdure miste (300 gr)
- Sciroppo d'acero (30 ml)
- Noce (70 gr tritate)
- Barbabietole (4 dimezzato)

Cosa fare

- Mettere le barbabietole in una casseruola e coprirle con acqua prima di metterle su un bruciatore girato a fuoco vivo. Lasciarli cuocere per 20 minuti prima di scolare l'acqua e cubettarli.
- Mettere le noci in una padella e mettere la padella su un bruciatore girato a fuoco basso/medio e lasciare cuocere fino a quando non iniziano a rosolare prima di aggiungere lo sciroppo d'acero. Rivestire bene e mettere da parte le noci.

- In una ciotola, sbattere insieme l'olio, il succo d'arancia e l'aceto balsamico e unire accuratamente.
- Aggiungere tutti gli ingredienti, salvare il formaggio di capra, in una ciotola da portata e mescolare bene per combinare prima di servire. Impiattare e coprire con il formaggio di capra.

Insalata di Avocado con fragole

Totale preparazione e tempo di cottura: 15 minuti
Rese: 2 Porzioni

Cosa usare

- Pepe (come desiderato)
- Sale (come desiderato)
- Pecan (150 gr)
- Fragole (10 fette)
- Avocado (1 affettato, snocciolato, sbucciato)
- Insalata di verdure (400 gr strappata)
- Succo di limone (2 gr)
- Aceto di sidro di mele (10 ml)
- Miele (20 ml)
- Olio di oliva (20 ml)
- Zucchero bianco (20 gr)

Cosa fare

- In una ciotola da portata, sbattere insieme l'olio, lo zucchero, il miele, il succo di limone e l'aceto e unire accuratamente.
- Aggiungere gli altri ingredienti e mescolare a cappotto, raffreddare prima di servire.

Insalata di lattuga al burro con uovo

Totale preparazione e tempo di cottura: 55 minuti
Rese: 4 Porzioni

Cosa usare

- Pepe (come desiderato)
- Sale (come desiderato)
- Cipollina (50 gr)
- Lattughe al burro (1 Testa)
- Succo di limone (20 ml)
- Asparagi (450 gr tritati)
- Uova (4 fritte)
- Zucchero (5 gr)
- Burro (1 stick)
- Piselli da zucchero (230 gr)
- Patate baby (450 gr)

Cosa fare

- Aggiungere le patate in una pentola e coprirle con 2 pollici di acqua prima di aggiungere un pizzico di sale. Mettere la pentola sul fuoco sopra un bruciatore girato a fuoco vivo e lasciate bollire prima della cottura per 10 minuti. Aggiungere i piselli a scatto insieme agli asparagi e lasciare cuocere il tutto per circa 2 minuti.
- Scolare la pentola e affettare le patate.
- Aggiungere il burro in una casseruola prima di metterlo sopra un bruciatore girato a fuoco vivo. Sbattere lo zucchero, il succo di limone, sale e pepe.
- Dividere gli ingredienti rimanenti tra i piatti, condire e un uovo prima di servire.

Insalata di Farro con ciliegie

Totale preparazione e tempo di cottura: 30 minuti
Rese: 6 Porzioni

Cosa usare

- Pepe nero (a piacere)
- Sale marino (a piacere)
- Prezzemolo (20 gr)
- Ciliegie secche (200 gr)
- Mela verde (250 gr)
- Basilico (3 gr essiccato)
- Basilico (3 gr essiccato)
- Farro (250 gr)
- Brodo vegetale (700 ml)
- Noce (50 gr)
- Sale (3 gr)
- Zucchero bianco (5 gr)
- Aceto di sidro di mele (50 ml)
- Sciroppo d'acero (50 ml)
- Olio d'oliva (50 ml)

Cosa fare

- In una piccola ciotola, unire il sale, lo zucchero, l'aceto, lo sciroppo d'acero e l'olio e frullare bene.
- Aggiungere le noci in una padella prima di aggiungere la padella ad un bruciatore girato a fuoco basso per circa 3 minuti fino a quando sono ben tostati.
- Aggiungere il basilico, origano, farro e brodo vegetale in una casseruola sopra un bruciatore girato a fuoco vivo. Una volta che bolle, ridurre il calore a bassa/media e lasciare tutto a cuocere circa 10 minuti.

- Rimuovere la pentola dal bruciatore e lasciarla riposare, coperta, per circa 25 minuti per consentire al farro di assorbire tutto il liquido.
- Spostare il farro in una ciotola di vetro e lasciarlo raffreddare a temperatura ambiente prima di mescolare le noci, il prezzemolo, le ciliegie essiccate e le mele verdi. Mescolare bene e mettere la ciotola, coperta, in frigorifero per raffreddare prima di servire.

Capitolo 5: Insalate Per Il Pranzo

Insalata Messicana Classica

Totale preparazione e tempo di cottura: 75 minuti
Rese: 8 Porzioni

Cosa usare

- Pepe (come desiderato)
- Sale (come desiderato)
- Salsa al peperoncino (a piacere)
- Peperoncino in polvere (3 gr)
- Cumino (5 gr macinato)
- Coriandolo (30 gr tritato)
- Aglio (1 spicchio schiacciato)
- Zucchero bianco (20 gr)
- Succo di limone (10 ml)
- Succo di Lime (20 ml)
- Aceto di vino rosso (150 ml)
- Olio d'oliva (100 ml)
- Cipolla rossa (1 tritata)
- Chicchi di mais (300 gr congelati)
- Peperone rosso (1 tritato)
- Peperone verde (1 tritato)
- Fagioli Cannellini (430 gr risciacquati, drenati)
- Fagioli (430 gr risciacquati, drenati)
- Fagioli neri (430 gr risciacquati, drenati)

Cosa fare

- In una ciotola da portata, unire la cipolla rossa, il mais congelato, i peperoni e i fagioli e mescolare bene.

- In una ciotola separata più piccola unire il pepe, il cumino, il coriandolo, la salsa di peperoncino, l'aglio, il sale, lo zucchero, il succo di limone, il succo di lime, l'aceto di vino rosso e l'olio d'oliva e frullare bene.
- Versare il condimento sopra l'insalata e saltare bene a cappotto, coprire l'insalata con pellicola trasparente e lasciare raffreddare in frigorifero e servire freddo.

Insalata Classica Caesar

Totale preparazione e tempo di cottura: 35 minuti
Rese: 6 Porzioni

Cosa usare

- Pepe (come desiderato)
- Sale (come desiderato)
- Lattuga romana (1 Testa strappata)
- Pane (1 kg raffermo, a cubetti)
- Olio d'oliva (50 ml)
- Succo di limone (10 ml)
- Senape di Digione (5 gr)
- Salsa Worcestershire (5 gr)
- Parmigiano (60 gr grattugiato, diviso)
- Filetti di acciughe (5 tritati)
- Maionese (200 gr)
- Aglio (6 teste sbucciate, divise)

Cosa fare

- Tritare i 3 spicchi d'aglio prima di aggiungerli in una piccola ciotola insieme al succo di limone, senape, salsa Worcestershire, 2 T parmigiano, acciughe e maionese e combinando accuratamente. Condire a piacere prima di refrigerare la medicazione.

- Aggiungere l'olio in una padella prima di metterlo su un bruciatore girato a fuoco medio. Tagliare il resto dell'aglio in quarti e aggiungerlo alla padella. Lasciare rosolare prima di toglierlo dalla padella e aggiungere invece il pane. Rosolare il pane e condire a piacere.
- Unire tutti gli ingredienti e lanciare a cappotto.

Classica insalata di fagioli neri

Totale preparazione e tempo di cottura: 25 minuti
Rese: 6 Porzioni

Cosa usare

- Pepe (come desiderato)
- Sale (come desiderato)
- Cipolle verdi (6 fette)
- Pomodori (2 tritati)
- Peperone rosso (1 tritato)
- Avocado (1 tagliato a dadini, snocciolato, sbucciato)
- Chicchi di mais (300 gr)
- Fagioli neri (850 gr drenati risciacquati)
- Pepe di cayenna (a piacere)
- Aglio (1 spicchio tritato)
- Olio d'oliva (100 ml)
- Succo di Lime (70 ml)

Cosa fare

- Unire le cipolle, i pomodori, il peperone, il mais avocado e i fagioli in una ciotola da portata e mescolare bene.

- Aggiungere il pepe di cayenna, il sale, il pepe, l'aglio, l'olio d'oliva e il succo di lime in un vasetto, coprire il barattolo con un coperchio e agitare bene.
- Mescolare con condimento a piacere.

Insalata di pollo al latticello

Totale preparazione e tempo di cottura: 30 minuti
Rese: 4 Porzioni

Cosa usare

- Pepe (come desiderato)
- Sale (come desiderato)
- Lattuga romana (2 teste strappate)
- Olio d'oliva (10 ml)
- Petto di pollo (680 gr)
- Parmigiano (50 gr)
- Succo di limone (20 ml)
- Radicchio (150 gr)
- Maionese (50 gr)
- Pane multicereali (2 fette)
- Spicchio d'aglio (1 pressato)
- Latticello (300 ml)

Cosa fare

- Mescolare il parmigiano, l'aglio, il succo di limone e il latticello e unire accuratamente prima di condire con sale e pepe a piacere.
- Aggiungere tutti i risultati, si aspettano per .5 c, ad un grande sacchetto Ziploc prima di aggiungere nel pollo e

agitazione a cappotto. Lasciare riposare il pollo per un massimo di 24 ore.

- Mettere il pollo su una teglia foderata di carta stagnola e cuocere per 14 minuti o fino a raggiungere una temperatura interna di 80 gradi C.
- Unire tutti gli ingredienti in una ciotola da portata, in alto con il latticello rimanente e mescolare per combinare.

Insalata di Taco

Totale preparazione e tempo di cottura: 30 minuti
Rese: 6 Porzioni

Cosa usare

- Pepe (come desiderato)
- Sale (come desiderato)
- Pomodorini (200 gr dimezzati)
- Lattuga di Boston (2 teste, foglie separate)
- Salsa verde (300 ml)
- Zucchine (1 dadini)
- Cipolla (1 dadini)
- Formaggio cheddar bianco (250 gr tagliuzzato)
- Tortilla chips (300 gr schiacciate)
- Peperone rosso (1 dadini)
- Tacchino (450 gr)
- Olio di oliva (40 ml)

Cosa fare

- Aggiungere 20 ml di olio in una padella prima di metterlo sul fornello sopra un bruciatore girato a fuoco medio/alto. Aggiungere la cipolla e lasciarla cuocere per circa 5 minuti prima di mescolare il tacchino e lasciarlo cuocere per circa 5 minuti.

- Mescolare in 250 ml di salsa, peperone rosso e zucchine e cuocere altri 5 minuti, condire a piacere e togliere la padella dal fuoco.
- Unire gli altri ingredienti in una ciotola da portata e mescolare bene prima di placcare. Top con il tacchino e poi il formaggio prima di servire.

Insalata di spinaci e condimento di papavero

Totale preparazione e tempo di cottura: 15 minuti
Rese: 10 Porzioni

Cosa usare

- Pepe (come desiderato)
- Sale (come desiderato)
- Mandorle (300 gr senza pelle)
- Cipolla rossa (200 gr + 15 gr affettata sottile)
- Mandarini (280 gr)
- Insalata verde (500 gr)
- Spinaci baby (500 gr)
- Semi di papavero (13 gr)
- Zucchero bianco (200 gr + 10 gr + 5 gr)
- Aceto bianco (200 ml + 10 ml + 5 ml)
- Panna Miracle Whip (300 ml)

Cosa fare

- In una ciotola da portata, sbattere insieme il sale, il pepe, l'aceto, i semi di papavero, lo zucchero e la frusta Miracle e unire accuratamente.

- Mescolare le mandorle, la cipolla, le arance, le insalate e le foglie di spinaci e unire bene. Mescolare per combinare prima di servire.

Insalata di melograno e pera

Totale preparazione e tempo di cottura: 12 minuti

Rese: 10 Porzioni

Cosa usare

- Pepe (come desiderato)
- Sale (come desiderato)
- Miele (20 ml)
- Senape di Digione (15 ml)
- Succo di limone (50 ml)
- Succo di melograno (350 ml)
- Olio vegetale (50 ml)
- Semi di melograno (350 gr)
- Pera d'Angiò (5)
- Lattuga a foglia verde (2 kg)

Cosa fare

- Dividere la lattuga in 10 ciotole, dividere le fette di pera e i semi di melograno tra di loro e mescolare bene.
- Separatamente sbattere insieme l'olio, sale, pepe, miele, senape, succo di melograno e succo di limone in una casseruola prima di mettere la padella su un bruciatore girato a fuoco vivo. Una volta che bolle, ridurre il calore e lasciarlo cuocere a fuoco lento, mescolare regolarmente fino a quando la salsa si addensa. Versare il condimento sull'insalata e servire.

Conclusione

Felicitazioni! E grazie per averlo reso fino alla fine di questo libro, speriamo che sia stato informativo e in grado di fornirti tutti gli strumenti necessari per raggiungere i tuoi obiettivi qualunque essi siano.

Ricettario A Base Vegetale In Italiano/ Vegetable Based Cookbook In Italian

Introduzione

Congratulazioni per aver acquistato la vostra copia del *ricettario completo a base vegetale.* Sono felice che abbiate scelto di intraprendere il cammino per migliorare la vostra salute attraverso la cucina a base vegetale. La cucina a base di piante è una via nutrizionale che permette di apprezzare il cibo nella sua forma incolta e cruda. L'obiettivo di questo libro di cucina è di introdurvi a deliziose ricette a base di piante che sono soddisfacenti quanto i cibi di conforto non proprio sani a cui siamo diventati tutti così facilmente dipendenti. Per quanto scoraggiante possa essere questo nuovo stile di vita culinario, scoprirete che queste ricette appetitose diventeranno presto i nuovi piatti preferiti della vostra famiglia.

Nel capitolo 1, noterete che i piatti principali richiedono qualche passo in più per la preparazione. Tuttavia, ogni ricetta vi fornirà una stima del tempo di preparazione e di cottura. Vedrete anche il numero di porzioni che ogni ricetta può produrre, insieme ai suoi valori nutrizionali, che includono carboidrati netti, proteine, grassi e calorie. L'indovinello è stato eliminato per la vostra comodità - a meno che non vogliate essere creativi e aggiungere qualche ingrediente extra! Il resto del libro è pieno di ricette facili da seguire che richiedono poco lavoro per risultati altamente deliziosi.

Ci sono un sacco di libri sulla cucina a base vegetale là fuori, quindi grazie ancora per aver scelto questo! Ogni sforzo è stato fatto per garantire che sia pieno di informazioni il più possibile utili. Come sempre, prima di implementare qualsiasi cambiamento di dieta importante come questo, si prega di consultare un medico e assicurarsi che tutte le domande riguardanti la vostra salute nutrizionale abbiano una risposta.

Capitolo 1: Piatti Principali

Bruschetta Di Portobello

10 Min. per prepararsi / 5 Min. cucinare
Produce: 4 Porzioni
Punteggio nutrizionale: calorie: 284 / carboidrati netti: 13,3 g / Grassi: 25,7 g / Proteine: 5,4 g

Ingredienti:

- 100 ml di olio d'oliva
- 6 pomodori tritati
- 25 gr di basilico tritato
- 12 spicchi di aglio tritato
- 4 funghi portobello
- Sale e pepe

Tecnica:

1. Prendere 20 ml di olio e 4 spicchi d'aglio tritato per rivestire ogni fungo. Cuocere in una padella per grigliare per 5 minuti su ciascun lato.
2. Mescolare pomodori, basilico, aglio rimanente e olio. Riempi ogni fungo. Cospargere con sale e pepe.

Pacchetti di Verdure al Forno in Carta Stagnola

20 Min. per prepararsi / 20 Min. cucinare
Produce: 4 Porzioni
Punteggio nutrizionale: calorie: 97 / carboidrati netti: 8 g / Grassi: 7,3 g / Proteine: 2,3 g

Ingredienti:

- 1 cipolla sbucciata e tritata
- 1 zucca gialla tagliata
- 1 zucchina a fette
- 20 ml di olio d'oliva
- Spezie a scelta

Tecnica:

1. In una ciotola, mescolare tutti gli ingredienti con olio d'oliva; aggiungere le spezie a scelta e mescolare insieme.
2. Avvolgere gli ingredienti in un foglio; fare 4 pacchetti individuali.
3. Cuocere a 180° C per 20 minuti.

Tacos di Patate Dolci e Fagioli Neri

15 Min. per prepararsi / 20 Min. cucinare
Produce: 4 Porzioni
Punteggio nutrizionale: calorie: 430 / carboidrati netti: 60 g / Grassi: 16 g / Proteine: 12 g

Ingredienti:

- 1 kg di patate dolci - senza pelle, tagliate cubetti da 2 cm
- 250 gr di fagioli neri-in scatola o cotti
- 1 cipolla tritata
- 20 ml di olio d'oliva
- 8 tortillas di mais
- 3 spicchi d'aglio tritati
- Coriandolo

Tecnica:

1. Scaldare l'olio d'oliva e aggiungere le patate dolci. Cuocere per circa 5-6 minuti. Mescolare periodicamente.
2. Aggiungere la cipolla, l'aglio e i fagioli neri, coprire e lasciare cuocere per altri 10-15 minuti, o fino a quando le patate dolci sono alla prontezza desiderata.
3. Servire in tortillas di mais riscaldate; ricoprire con coriandolo.

Panino con Avocado e Fagioli Bianchi

5 Min. per prepararsi / 5 Min. cucinare
Produce: 3 Porzioni
Punteggio nutrizionale: calorie: 325 / carboidrati netti: 44,5 g / Grassi: 13,1 g / Proteine: 9,8 g

Ingredienti:

- 1 avocado
- 1 barattolo di fagioli bianchi
- Succo di 1 limone
- 10 ml di senape di Digione
- Opzionale: verdure e pomodorini
- Sale e pepe

Tecnica:

1. Scolare e pulire i fagioli.
2. Schiacciare l'avocado e i fagioli insieme; aggiungere il resto degli ingredienti.
3. Distribuire su foglie di romana o su pane integrale senza glutine.

Ciotole di Riso Cariche di Verdure

20 Min. per prepararsi / 30 Min. cucinare
Produce: 4 Porzioni
Punteggio nutrizionale: calorie: 547 / carboidrati netti: 106,4 g / Grassi: 2,1 g / Proteine: 26,6 g

Ingredienti:

- 8 gr di coriandolo tritato
- 250 gr di fagioli pinto
- 250 gr di fagioli neri
- 250 gr di riso integrale cotto
- 720 gr di spinaci
- 1 zucchina tagliata
- 1 peperone tritato
- 1 cipolla tritata
- 1 lime
- 2 gr di cumino
- 2 gr di curcuma

Tecnica:

1. Soffriggere la cipolla e il peperone per 5 minuti. Aggiungere fagioli e zucchine; cuocere fino a caldo. Mettete gli spinaci e scaldate fino a farli appassire.
2. Aggiungere il riso cotto e le spezie; mescolare per unire.
3. Aggiungere un po' di succo da un lime spremuto una volta finito.

Wrap Vegetale Di Hummus

10 Min. per prepararsi / 25 Min. cucinare
Produce: 4 Porzioni
Punteggio nutrizionale: calorie: 441 / carboidrati netti: 68,1 g / Grassi: 15,2 g / Proteine: 11,7 g

Ingredienti:

- 4 tortillas di grano intero
- 120 gr di hummus
- 800 gr di spinaci
- 1 avocado tagliato
- ½ Cetriolo a fette sottili
- 1 peperone a fette sottili
- 2-3 carote tagliuzzate
- 1 barattolo di fagioli neri
- 250 gr di riso integrale cotto

Tecnica:

1. Riscaldate le vostre tortillas.
2. Su ogni tortilla, spalmare un paio di cucchiai di hummus.
3. Completare con il riso cotto e le verdure rimanenti.

Tagliatelle di Zucchine con Pesto di Avocado

15 Min. per prepararsi / 15 Min. cucinare
Produce: 8 Porzioni
Punteggio nutrizionale: calorie: 214 / carboidrati netti: 13,2 g / Grassi: 17,1 g / Proteine: 4,8 g

Ingredienti:

- 6 zucchine spiralizzate
- 10 ml di olio spremuto a freddo di scelta

Pesto Di Avocado:

- 3 spicchi d'aglio
- 2 avocado a cubetti
- 24 gr di foglie di basilico fresco
- 2 gr di foglie di prezzemolo fresco
- 20 gr di pinoli
- 30 ml di olio spremuto a freddo di scelta
- Succo di 1 limone
- Sale e pepe

Tecnica:

1. Spiralizzare le zucchine e mettere da parte su carta assorbente.
2. In un robot da cucina, aggiungere tutti gli ingredienti per il pesto di avocado tranne l'olio. Premere al minimo fino a raggiungere la consistenza desiderata.
3. Aggiungere lentamente l'olio fino a renderlo cremoso ed emulsionato.

4. Scaldare 10 ml di olio e lasciare cuocere le tagliatelle di zucchine per 4 minuti.
5. Prendete le tagliatelle di zucchine e rivestitele con il pesto di avocado.

Patate Arrosto Alla Curcuma E Asparagi

10 Min. per prepararsi / 40 Min. cucinare
Produce: 4 Porzioni
Punteggio nutrizionale: calorie: 210 / carboidrati netti: 26,4 g / Grassi: 11,1 g / Proteine: 4,3 g

Ingredienti:

- 11 cipolle tritate
- 450 gr di piccole patate rosse
- 1 grappolo di asparagi squartati
- 4 spicchi d'aglio tritati
- 10 gr di curcuma
- Sale e pepe
- Olio pressato a freddo

Tecnica:

1. Impostare la temperatura del forno a 180° C per preriscaldare.
2. In un piatto che è Forno-sicuro, gettare le patate tagliate con 10 ml di olio e arrosto per 20 minuti.
3. In un'altra ciotola, aggiungere asparagi, cipolle, spicchi d'aglio, curcuma, sale e pepe. Mescolare con 10 ml di olio. Aggiungere alla teglia con patate.
4. Fino a quando le patate sono tenere, lasciare cuocere; dovrebbe prendere circa 20 minuti.

Barche Di Zucchine Vegane

15 Min. per prepararsi / 40 Min. cucinare
Produce: 4 Porzioni
Punteggio nutrizionale: calorie: 228 / carboidrati netti: 35,2 g / Grassi: 7,4 g / Proteine: 8,5 g

Ingredienti:

- 2 zucchine
- 250 gr (2 med. spighe) chicchi di mais freschi
- 1 cipolla tritata
- 1 barattolo di fagioli neri
- 1 peperone a dadini
- 2 spicchi d'aglio tritati
- 1 pomodoro a dadini
- 1 piccolo lotto tritato coriandolo fresco
- 150 gr di quinoa
- 300 ml di brodo vegetale
- 4 gr
- di cumino macinato
- Peperoncino in polvere
- Origano secco
- 20 ml di olio d'oliva spremuto a freddo

Tecnica:

1. Impostare la temperatura del forno a 210° C per preriscaldare.
2. Tagliare entrambe le zucchine longitudinalmente verso il basso il Centro e ritagliarsi l'interno per formare le " barche." Salva gli interni per dopo. Condire le zucchine con olio d'oliva fino a quando sono leggermente

ricoperte; aggiungere una spolverata di sale e pepe. Posizionare le zucchine rivolte verso il basso sulla teglia preparata; mettere in forno e cuocere per circa 10-15 minuti.

3. Cuocere la quinoa nel brodo vegetale.
4. In una padella, soffriggere la cipolla con 10 ml di olio d'oliva.
5. Aggiungere le verdure e le spezie rimanenti.
6. Aggiungere la quinoa alla miscela di verdure; togliere dal fuoco.
7. "Riempite" ogni barca di zucchine e mettete in forno fino a quando le cime sono dorate, il che richiederà circa 5-10 minuti.

Zuppa Di Pomodoro E Basilico

15 Min. per prepararsi / 15 Min. cucinare
Produce: 4 Porzioni
Punteggio nutrizionale: Calorie: 53 / carboidrati netti: 11,6 g / grassi: 0,5 g / Proteine: 2,3 g

Ingredienti:

- 1 manciata di foglie di basilico fresco
- 3 spicchi d'aglio tritati
- 2 lattine lattine pomodori - senza pelle e seminato
- 1 cipolla tritata
- Sale e pepe

Tecnica:

1. Soffriggere l'aglio e le cipolle per 5 minuti; aggiungere i pomodori.
2. Riscaldare tutto accuratamente; togliere dal fuoco una volta che si vede il vapore.
3. Aggiungere basilico, sale e pepe; trasferire in un frullatore e frullare fino a ottenere una consistenza simile a una zuppa.

Tofu di Arachidi Tailandese con Verdure Saltate

15 Min. per prepararsi / 40 Min. cucinare
Produce: 2 Porzioni
Punteggio nutrizionale: calorie: 834 / carboidrati netti: 95,7 g / Grassi: 42,3 g / Proteine: 24,8 g

Ingredienti:

- 1 pacchetto pressato e risciacquato tofu extra fermo
- 1 cipolla rossa affettata
- 300 gr di spinaci confezionati
- 250 gr di carote tagliuzzate
- 1 peperone tritato
- Zenzero tritato da 1 pollice
- 1 broccoli a testa piccola-tagliati in cimette
- 2 spicchi d'aglio tritati
- 200 gr di quinoa
- 1 lattina di latte di cocco
- 20 ml di salsa di soia
- 10 ml do pasta di curry rosso
- 10 ml di aceto di riso
- 10 ml di burro di arachidi
- 2 gr di agave

Tecnica:

1. Preriscaldare il forno a 200° C.
2. Cuocere il tofu per 20 minuti.
3. Cuocere la quinoa.
4. Soffriggere aglio, cipolle, carote, broccoli e peperoncino per circa 5 minuti.

5. Mescolare il latte di cocco, lo zenzero, la salsa di soia, la pasta di curry, il burro di arachidi, l'agave e l'aceto di riso. Cuocere per altri 5 minuti.
6. Aggiungere gli spinaci e il tofu al forno e cuocere scoperto per 10 minuti.
7. Servire su un letto di quinoa.

Peperoni Ripieni

10 Min. per prepararsi / 30 Min. cucinare
Produce: 4 Porzioni
Punteggio nutrizionale: calorie: 668 / carboidrati netti: 123,1 g / Grassi: 6,1 g / Proteine: 34,4 g

Ingredienti:

- 300 gr di quinoa cotta
- 250 gr di mais cotto
- 4 peperoni
- 1 barattolo di fagioli neri

Tecnica:

1. Preriscaldare il forno a 180° C.
2. Unire quinoa, fagioli neri e mais.
3. Tagliare la parte superiore e togliere i semi ad ogni peperone, poi "farcire" e mettere in una teglia a cuocere per 30 minuti.

Capitolo 2: Dessert

Banane Ricoperte Di Cioccolato Fondente

10 Min. per prepararsi / 35 Min. cucinare
Produce: 14 Porzioni
Punteggio nutrizionale: calorie: 176 / carboidrati netti: 26,6 g / Grassi: 8,8 g / Proteine: 2,5 g

Ingredienti:

- 500 gr di gocce di cioccolato fondente
- 7 banane-mature, tagliate a metà
- 100 gr di burro di mandorle
- 20 ml di olio di cocco
- 14 bastoncini per ghiaccioli
- Condimenti a scelta

Tecnica:

1. Inserire un bastone ghiacciolo in ogni metà banana, circa a metà. Foderare un foglio di cottura con carta da forno per le banane.
2. Sciogliere l'olio di cocco in una padella; aggiungere le gocce di cioccolato fondente, mescolare fino a quando completamente sciolto.
3. Immergere ogni banana nel cioccolato, assicurandosi di coprirlo completamente nel cioccolato. Mettere le banane su carta pergamena.
4. Irrorare le banane con burro di mandorle, cospargere con cocco, anacardi, pistacchi o ciliegie secche.
5. Congelare per 35 minuti.

Biscotti al Burro d'Arachidi Senza Cottura con Cioccolato Fondente

15 Min. per prepararsi / 20 Min. cucinare
Produce: 4 porzioni (12 biscotti)
Punteggio nutrizionale: calorie: 235 / carboidrati netti: 22 g / Grassi: 16,3 g / Proteine: 6 g

Ingredienti:

- 100 gr di gocce di cioccolato fondente
- 100 gr di burro di arachidi
- 1 gr di estratto di vaniglia puro
- 20 ml di olio di cocco
- 250 gr di datteri
- 250 gr di farina di mandorle

Tecnica:

1. In un frullatore o un robot da cucina, aggiungere burro di arachidi, farina di mandorle, datteri ed estratto di vaniglia. Premere fino a raggiungere una consistenza liscia.
2. Formare la pasta in palline da 1 pollice e posizionarla su un foglio di cottura rivestito di carta pergamena.
3. Con una forchetta, premi verso il basso e crea un motivo incrociato.
4. Sciogliere insieme l'olio di cocco e le gocce di cioccolato fondente. Condire ogni biscotto con cioccolato.
5. Mettere in frigo fino a quando non è solido.

Gelato Vegano All'Ananas

10 Min. per prepararsi / 3 ore. Tempo Di Congelamento
Produce: 4 Porzioni
Punteggio nutrizionale: calorie: 460 / carboidrati netti: 56,9 g / Grassi: 8,2 g / Proteine: 41,1 g

Ingredienti:

- 250 gr di yogurt greco
- 720 gr di pezzi di ananas congelati

Tecnica:

1. Aggiungere yogurt greco e pezzi di ananas in un frullatore e correre fino a che liscio.
2. In un contenitore sicuro per il congelatore, conservare fino a quando non è congelato.

Barrette Matcha E Cocco

20 Min. per prepararsi / 45 Min. Tempo Di Congelamento
Produce: 8 Barrette
Punteggio nutrizionale: calorie: 430 / carboidrati netti: 57,3 g / Grassi: 20,9 g / Proteine: 11 g

Ingredienti:

- 15 gr di matcha in polvere + più per aspersione
- 20 gr di punte di cacao - non zuccherate
- 100 gr di mandorle crude
- 100 gr di noci pecan
- 50 gr di fiocchi di cocco-non zuccherati
- 300 gr di datteri snocciolati e tritati grossolanamente
- 50 gr di semi di canapa
- 2 gr di agave

Tecnica:

1. In un robot da cucina, unire polvere di matcha, agave, semi di canapa, noci pecan, mandorle e datteri. Impastare fino a quando non è ben amalgamato. La miscela dovrebbe aderire come pasta. In caso contrario, aggiungere più datteri fino a quando non lo fa.
2. Aggiungere i pennini di cacao fino alla dispersione.
3. Foderare una teglia con carta da forno. Utilizzare le mani per premere miscela verso il basso fino a che liscio.
4. Cospargere con scaglie di cocco e polvere di matcha extra.
5. Congelare per 45 minuti.

Crema Montata di Anacardi con Frutti di Bosco

15 Min. per prepararsi / 1 ora. Tempo Di Cottura
Produce: 4 Porzioni
Punteggio nutrizionale: calorie: 103 / carboidrati netti: 22,1 g / Grassi: 3,9 g / Proteine: 2,1 g

Ingredienti:

- 200 gr di crudi, anacardi non salati imbevuti di acqua per 3 ore
- 1 gr di estratto di vaniglia puro
- 20 ml di nettare di agave
- 600 ml di acqua
- 200 gr:
- Fragole fresche a fette
- Lamponi freschi
- Mirtilli freschi

Tecnica:

1. Mettere gli anacardi imbevuti in un frullatore ad alta potenza, insieme a 150 ml di acqua, vaniglia e agave.
2. Frullare in alto per 2 minuti. Raffreddare per almeno 1 ora. Questo aiuterà anche a irrigidire la panna montata.
3. Servire in cima a bacche fresche.

Mousse Vegana Al Cioccolato Fondente Alla Menta

10 Min. per prepararsi / 4 ore. Tempo Freddo
Produce: 2 Porzioni
Punteggio nutrizionale: calorie: 662 / carboidrati netti: 56,8 g / Grassi: 58,9 g / Proteine: 17,1 g

Ingredienti:

- 300 ml di latte di cocco
- 2 gr di estratto di menta piperita
- 60 ml di polvere di cacao non zuccherata
- 40 ml di gocce di cioccolato fondente per guarnire
- 10 ml di sciroppo d'acero

Tecnica:

1. Sbatti insieme tutti gli ingredienti fino a quando iniziano a comparire piccole bolle d'aria.
2. Versare in 2 pirottini.
3. Mettere in frigo fino a quando impostato; lasciare fino a 4 ore.
4. Coprire con scaglie di cioccolato fondente prima di servire.

Brownies Al Cioccolato Crudo

20 Min. per prepararsi / 15 Min. Tempo Di Cottura
Produce: 2 Porzioni
Punteggio nutrizionale: calorie: 175 / carboidrati netti: 33,4 g / Grassi: 5 g / Proteine: 2 g

Ingredienti:

- 150 gr di noci comuni
- 150 gr di mandorle
- 100 gr di polvere di cacao non zuccherata
- 250 gr di datteri
- 20 ml di sciroppo d'acero

Tecnica:

1. Immergere le date in acqua per circa 10 minuti.
2. In un robot da cucina, tritare le noci fino a raggiungere una consistenza simile a una briciola.
3. Rimuovere le date dall'acqua, scolare e strizzare l'acqua in eccesso.
4. Aggiungere le date, cacao in polvere, e sciroppo d'acero nel robot da cucina. Frullare fino a raggiungere una consistenza liscia ma densa.
5. Su un pezzo di carta pergamena, stendere la miscela di brownie in un rettangolo, di circa 1 pollice di spessore. Piegare in carta pergamena e raffreddare per 15 minuti.

Budino Di Chia Alla Banana E Mandorle

10 Min. per prepararsi / 10 Min. cucinare
Produce: 3 Porzioni
Punteggio nutrizionale: calorie: 299 / carboidrati netti: 21,6 g / Grassi: 23,6 g / Proteine: 4,9 g

Ingredienti:

- 40 gr di semi di chia
- 250 ml di latte di cocco
- 250 ml di latte di anacardi
- 30 ml di mandorle affettate
- 3 banane
- 2 gr di cannella in polvere
- 20 ml di sciroppo d'acero

Tecnica:

1. Sbattere insieme cannella, sciroppo d'acero e latte di cocco fino a che liscio. Aggiungere i semi di chia e lasciare riposare per una notte.
2. Servire in piatti freddi, ciascuno condito con una banana tagliata e alcune mandorle affettate.

Chocolate Chip Di Energia Bit

15 Min. per prepararsi / 4 ore. Tempo Freddo
Produce: 12 porzioni
Punteggio nutrizionale: Calorie: 100 / carboidrati netti: 18,2 g / Grassi: 2,2 g / Proteine: 2,7 g

Ingredienti:

- 30 ml di sciroppo d'acero
- 100 gr di burro di mandorle
- 100 gr di mini gocce di cioccolato fondente
- 200 gr di quinoa cotta
- 200 gr di avena senza glutine
- 1 gr di estratto di vaniglia
- 2 gr di cannella

Tecnica:

1. Impastare tutti gli ingredienti fino a formare una pasta appiccicosa e rotolare in piccole palline.
2. Mettere i pezzi di energia su una teglia per biscotti foderata di pergamena e mettere in frigo per 4 ore prima di servire.

Burro Di Mandorle Fette Di Mela

10 Min. per prepararsi / 5 Min. cucinare
Produce: 4 Porzioni
Punteggio nutrizionale: calorie: 114 / carboidrati netti: 19,3 g / Grassi: 4,7 g / Proteine: 1,7 g

Ingredienti:

- 2 mele
- 20 ml di gocce di cioccolato fondente
- 130 gr di burro di mandorle
- 20 ml di mandorle scheggiate
- 20 ml di cocco tagliuzzato-non zuccherato

Tecnica:

1. Rimuovere il nucleo delle mele e tagliare a rondelle.
2. Spalmare il burro di mandorle su un lato e completare con gocce di cioccolato, mandorle scheggiate e cocco.

Barrette Di Pasta Al Biscotto Al Cioccolato Senza Cottura

15 Min. per prepararsi / 50 Min. Tempo Freddo
Produce: 12 Porzioni
Punteggio nutrizionale: calorie: 341 / carboidrati netti: 22 g / Grassi: 27,1 g / Proteine: 6,1 g

Ingredienti:

- 200 gr di gocce di cioccolato fondente
- 300 gr di farina di mandorle
- 1 gr di estratto di vaniglia
- 150 ml di sciroppo d'acero
- 50 ml di burro di noci a scelta
- 25 ml di olio di cocco fuso

Per il Topping al cioccolato:

- 5 ml di olio di cocco
- 20 ml di burro di noci
- 250 gr di gocce di cioccolato fondente

Tecnica:

1. Mescolare tutti gli ingredienti della barra elencati.
2. In una teglia da forno da 8 pollici, premere saldamente l'impasto in modo uniforme e metterlo nel congelatore per 30 minuti.
3. Fondere tutti gli ingredienti di cioccolato topping insieme, versare sopra le barre di pasta biscotto, e mettere in freezer per altri 20 minuti.

Gelato A Bacca Tripla

5 Min. per prepararsi / 3 + Hr. Tempo Freddo
Produce: 6 Porzioni
Punteggio nutrizionale: calorie: 284 / carboidrati netti: 25,2 g / Grassi: 17,5 g / Proteine: 3 g

Ingredienti:

- 200 gr:
    - Lamponi
    - Fragola
    - Mirtillo
- 3 banane mature
- 1 barattolo di latte di cocco

Tecnica:

1. Frullare tutti gli ingredienti.
2. Trasferire in un contenitore sicuro per il congelatore, coprire e congelare per 3 ore.

Biscotti allo zenzero con glassa alla Vaniglia di anacardi

15 Min. per prepararsi / 20 Min. cucinare
Produce: 16 biscotti
Punteggio nutrizionale: calorie: 197 / carboidrati netti: 17,9 g / Grassi: 12,6 g / Proteine: 4,1 g

Ingredienti:

- 250 gr di avena macinata
- 3 purè di banane
- 1 gr di sale marino
- 2 gr di cannella
- 20 ml di zenzero macinato

Glassa Alla Vaniglia Di Anacardi:

- 20 ml di sciroppo d'acero
- 200 gr di anacardi crudi - precedentemente ammollati per 3 ore
- 20 ml di olio di cocco
- 2 gr di estratto di vaniglia
- Acqua per la miscelazione

Tecnica:

1. Mescolare tutti gli ingredienti secchi insieme; aggiungere la banana.
2. Cucinare sul foglio di biscotti e cuocere a 180° C per circa 10-15 minuti. Si inizierà a sentire l'odore della banana quando hanno finito.

3. Preparare la glassa alla vaniglia di anacardi aggiungendo tutti gli ingredienti a un frullatore. Mettere nel congelatore per rassodare.
4. Lasciate raffreddare completamente i biscotti prima di mettere la glassa.

Capitolo 3: Frullati

Frullato Di Mirtilli E Mandorle

5 Min. per prepararsi / 5 Min. fare
Produce: 2 Porzioni
Punteggio nutrizionale: calorie: 449 / carboidrati netti: 38,7 g / Grassi: 33 g / Proteine: 8,2 g

Ingredienti:

- 15 ml burro di mandorle
- 200 ml di latte di cocco
- 150 gr di mirtilli congelati
- 1 ½ banane mature
- 10 gr di semi di chia

Tecnica:

1. Utilizzando un frullatore ad alta velocità, elaborare tutti gli ingredienti elencati fino a quando la consistenza diventa liscia.
2. Se il frullato è troppo denso, aggiungere più latte fino a quando non si assottiglia.

Frullato Di Proteine Di Mango Verde

5 Min. per prepararsi / 5 Min. fare
Produce: 2 Porzioni
Punteggio nutrizionale: calorie: 634 / carboidrati netti: 56 g / Grassi: 47,2 g / Proteine: 8,6 g

Ingredienti:

- 200 gr di spinaci
- 2 mele
- 400 gr di mango tritato
- 1 cm di zenzero fresco sbucciato
- 300 ml di latte di mandorle
- 10 gr di semi di canapa

Tecnica:

1. Frullare tutti gli ingredienti elencati. Aggiungi un po' di ghiaccio se vuoi renderlo più freddo.
2. Se il frullato è troppo denso, aggiungere più latte di mandorle.

Frullato Di Banana Alla Fragola

5 Min. per prepararsi / 5 Min. fare
Produce: 2 Porzioni
Punteggio nutrizionale: calorie: 114 / carboidrati netti: 26,6 g / Grassi: 1,2 g / Proteine: 2 g

Ingredienti:

- 1 banana matura
- 400 gr di fragole fresche
- 120 ml di latte a scelta senza latticini
- Ghiaccio - se lo si desidera

Tecnica:

1. Mescolare tutti gli ingredienti insieme.

Frullato Di Canapa Farina D'Avena Cioccolato

5 Min. per prepararsi / 5 Min. fare
Produce: 2 Porzioni
Punteggio nutrizionale: calorie: 415 / carboidrati netti: 56 g / Grassi: 23 g / Proteine: 20,2 g

Ingredienti:

- 1 banana matura
- 40 gr di cacao in polvere-non zuccherato
- 20 ml di sciroppo d'acero
- 250 ml di latte di cocco
- 150 ml di acqua
- 40 gr di semi di canapa-sgusciati
- 10 gr di avena

Tecnica:

1. Frullare tutti gli ingredienti in alta impostazione fino a raggiungere una consistenza liscia.
2. Aggiungere più latte se il frullato è troppo spesso.
3. Aggiungi ghiaccio se vuoi renderlo più freddo.

Frullato Di Anacardi Alla Vaniglia

5 Min. per prepararsi / 5 Min. fare
Produce: 1 Porzione
Punteggio nutrizionale: calorie: 569 / carboidrati netti: 68 g / Grassi: 30,3 G / proteine: 13 g

Ingredienti:

- 100 gr di anacardi grezzi
- 1 banana
- 10 gr di semi di chia
- 10 ml di sciroppo d'acero
- 1 gr di estratto di vaniglia o 1 baccello di vaniglia
- 120 ml di acqua
- 250 gr di ghiaccio

Tecnica:

1. Frullare tutti gli ingredienti fino a che liscio.
2. Aggiungere più acqua se necessario.

Frullato Di Lavanda Mirtillo

5 Min. per prepararsi / 5 Min. fare
Produce: 2 Porzioni
Punteggio nutrizionale: calorie: 479 / carboidrati netti: 34,4 g / Grassi: 39 g / Proteine: 5,2 g

Ingredienti:

- 120 gr di ghiaccio
- 150 gr di bietole
- 200 gr di mirtilli freschi
- 250 ml di latte di cocco non zuccherato
- ½ Avocado
- ½ Banana
- 10 gr di lavanda culinaria
- 1 gr di estratto di vaniglia puro

Tecnica:

1. Frullare il tutto fino a che liscio e cremoso.

Frullato Di Avocado E Lamponi

5 Min. per prepararsi / 5 Min. fare
Produce: 2 Porzioni
Punteggio nutrizionale: calorie: 627 / carboidrati netti: 47 g / Grassi: 49 g / Proteine: 10,4 g

Ingredienti:

- 1 manciata di cavolo
- ½ Avocado
- 250 ml di latte di mandorle
- 250 gr di lamponi
- 1 banana
- 10 ml di sciroppo d'acero
- 20 ml di burro di noci
- 10 gr di semi di lino

Tecnica:

1. Eseguire tutti gli ingredienti sulla regolazione alta del frullatore fino a quando la consistenza è liscia.
2. Aggiungere ghiaccio se si desidera rendere il frullato più freddo.

Frullato Di Acai Tropicale

5 Min. per prepararsi / 5 Min. fare
Produce: 1 Porzione
Punteggio nutrizionale: calorie: 584 / carboidrati netti: 77,4 g / Grassi: 33 g / Proteine: 6,2 g

Ingredienti:

- 1 pacchetto di purea di acai
- 1 banana
- 200 gr di mirtilli
- ½ Mango
- 120 ml di latte di cocco
- 150 ml di acqua

Tecnica:

1. Fondere tutto insieme e godere!

Frullato Di Avocado Verde

5 Min. per prepararsi / 5 Min. fare
Produce: 2 Porzioni
Punteggio nutrizionale: calorie: 369 / carboidrati netti: 18,7 g / Grassi: 33,9 g / Proteine: 3,3 g

Ingredienti:

- 1 avocado
- 10 ml di sciroppo d'acero
- 120 ml di latte di mandorle

Tecnica:

1. Mescolare tutti gli ingredienti insieme.
2. Aggiungere più latte se il frullato è troppo spesso.

Frullato Superfood

5 Min. per prepararsi / 5 Min. fare
Produce: 2 Porzioni
Punteggio nutrizionale: calorie: 333 / carboidrati netti: 30,8 g / Grassi: 24,7 G / proteine: 4 g

Ingredienti:

- 100 gr di cetriolo
- ½ Avocado
- 200 gr di spinaci
- 1 kiwi
- 1 mela verde
- 1 gambo di sedano
- 2 rametti di menta
- 120 ml di latte di cocco
- 150 ml di acqua
- Manciata di ghiaccio

Tecnica:

1. Frullare tutto in alto; aggiungere più acqua se necessario.

Frullato Di Cavolo Energizzante

5 Min. per prepararsi / 5 Min. fare
Produce: 2 Porzioni
Punteggio nutrizionale: calorie: 190 / carboidrati netti: 34,7 g / Grassi: 5 g / Proteine: 4,5 g

Ingredienti:

- 300 gr di cavolo fresco
- 1 carota sbucciata
- 1 banana
- ½ Mela verde
- 10 gr di semi di chia
- 150 ml di latte di anacardi
- 150 ml di acqua

Tecnica:

1. Frullare tutto; aggiungere più ghiaccio se necessario.

Frullato Rinfrescante Di Proteine Di Ananas

5 Min. per prepararsi / 5 Min. fare
Produce: 2 Porzioni
Punteggio nutrizionale: calorie: 550 / carboidrati netti: 56 g / Grassi: 34,2 g / Proteine: 14 g

Ingredienti:

- 200 gr di spinaci
- 250 gr di ananas fresco
- 1 kiwi
- 250 gr di mango fresco
- 1 arancia
- 100 gr di anacardi grezzi
- 20 gr di semi di canapa
- 10 gr di semi di chia
- 120 ml di latte di cocco

Tecnica:

1. Frullare tutto; aggiungere acqua se il frullato è troppo denso.
2. Aggiungi ghiaccio se vuoi renderlo più freddo.

Antiossidante Viola

5 Min. per prepararsi / 5 Min. fare
Produce: 2 Porzioni
Punteggio nutrizionale: calorie: 372 / carboidrati netti: 46,1 g / Grassi: 20,6 g / Proteine: 5,7 g

Ingredienti:

- 250 gr di frutti di bosco misti
- 1 pacchetto di purea di acai
- 1 banana
- 1 barbabietola
- 3 datteri seminati
- 120 ml di latte di mandorle
- 10 gr di semi di chia
- 150 ml di acqua

Tecnica:

1. Frullare tutti gli ingredienti in alto fino a che liscio.
2. Aggiungere più acqua per diluire il frullato, se necessario.
3. Aggiungere ghiaccio se necessario.

Capitolo 4: Insalate

Quinoa Di Bacche

15 Min. per prepararsi / 25 Min. fare
Produce: 6 Porzioni
Punteggio nutrizionale: calorie: 446 / carboidrati netti: 38,9 g / Grassi: 28,5 g / Proteine: 14,7 g

Ingredienti:

- 200 gr di quinoa cotta
- 400 gr di mirtilli
- 400 gr di fragole
- 1.5 kg di spinaci
- 2 avocado a cubetti
- 10 gr di semi di canapa-per ciotola
- 150 gr di noci comuni
- 20 ml di senape di Digione
- 1 limone

Tecnica:

1. In ogni ciotola, iniziare con un letto di spinaci; aggiungere su una pallina di quinoa, frutti di bosco, avocado, una spolverata di semi di canapa, e gettare su un paio di noci.
2. Unire la senape di Digione e il succo di limone per preparare la medicazione.
3. Condire il condimento sopra ogni insalata.

Insalata di cavolo mandarino con condimento dolce Tahini

10 Min. per prepararsi / 15 Min. fare
Produce: 3 Porzioni
Punteggio nutrizionale: calorie: 550 / carboidrati netti: 38 g / Grassi: 43,6 g / Proteine: 11 g

Ingredienti:

- 3 mandarini
- 1 mazzetto di cavolo tritato grossolanamente
- 150 gr di mirtilli secchi
- 100 gr di noci pecan

Dressing:

- Succo da 1 grande arancia
- 20 ml di tahini
- 10 ml di olio di sesamo
- 5 ml di aceto di sidro di mele

Tecnica:

1. Unire tutti gli ingredienti per la medicazione e mettere da parte.
2. Preparare ogni insalata iniziando con un letto di cavolo.
3. Ogni insalata otterrà 1 mandarino.
4. Cospargere le insalate con mirtilli secchi e noci pecan.
5. Condire con il condimento.

Insalata Di Spaghetti Di Zucchine Tailandesi

15 Min. per prepararsi / 15 Min. fare
Produce: 2 Porzioni
Punteggio nutrizionale: calorie: 355 / carboidrati netti: 43 g / Grassi: 17 G / proteine: 20 g

Ingredienti:

- 3 carote tagliuzzate
- 2 zucchine spiralizzate-drenate dall'acqua
- 2 peperoni a fette sottili
- 300 gr di funghi affettati
- 2 gr di aglio tritato
- 100 gr di burro di arachidi
- 2 gr di zenzero appena grattugiato
- 30 ml di aminoacidi liquidi
- 2 gr di sriracha
- 10 ml di sciroppo d'acero

Tecnica:

1. Unire zucchine e carote; mettere da parte.
2. Prepara il condimento tailandcsc combinando burro di arachidi, aminos liquidi, sriracha, sciroppo d'acero, zenzero e aglio insieme. Sbattere bene per unire. Aggiungere un po' di acqua calda per lisciare la medicazione.
3. Far rosolare peperoni e funghi per circa 5 minuti e mettere da parte.
4. Mescolare tutti gli ingredienti insieme; coprire con il condimento.

Pomodoro Avocado Cipolla Insalata

10 Min. per prepararsi / 10 Min. fare
Produce: 2 Porzioni
Punteggio nutrizionale: calorie: 613 / carboidrati netti: 37 g / Grassi: 54 G / proteine: 8 g

Ingredienti:

- 2 avocado a cubetti
- ½ Cipolla rossa affettata
- 450 gr di pomodorini
- 1 cetriolo
- 4 gr di coriandolo fresco tritato
- Succo di 1 limone
- 20 ml di olio d'oliva spremuto a freddo
- Sale e pepe

Tecnica:

1. In una ciotola preparata, gettare insieme tutti gli ingredienti e condire con succo di limone e olio.

Anguria E Riso Al Gelsomino

15 Min. per prepararsi / 25 Min. fare
Produce: 2 Porzioni
Punteggio nutrizionale: calorie: 555 / carboidrati netti: 99,9 g / Grassi: 14,6 g / Proteine: 8,3 g

Ingredienti:

- 120 ml di latte di cocco
- 250 gr di anguria
- 150 gr di mirtilli freschi
- 8 gr di basilico fresco tritato
- 250 gr di riso cotto al gelsomino
- 20 ml di sciroppo d'acero
- 200 gr di spinaci

Tecnica:

1. Cuocere il riso al gelsomino secondo le istruzioni sulla confezione. Una volta che il riso si è raffreddato, mescolare il latte di cocco e lo sciroppo d'acero.
2. Tritare anguria e basilico. Accantonare.
3. Disporre un letto di spinaci c cucchiaio di riso in ciotole; aggiungere in anguria, basilico e mirtilli.

Mango Insalata Di Fagioli Neri

10 Min. per prepararsi / 10 Min. fare
Produce: 3 Porzioni
Punteggio nutrizionale: calorie: 669 / carboidrati netti: 136,9 g / Grassi: 2,8 g / Proteine: 33,4 g

Ingredienti:

- 2 manghi sbucciati e tagliati a dadini
- 3 mandarini pelati
- 1 peperone a dadini
- 1 mazzetto di cipolle verdi a fette sottili
- 1 jalapeno seminato e finemente tagliato a dadini
- 8 gr di coriandolo fresco tritato
- 250 gr di fagioli neri puliti
- 250 gr di fagioli bianchi puliti
- 40 gr di rucola
- Succo di 1 limone
- Succo da 1 arancia

Tecnica:

1. Unire tutti gli ingredienti insieme. Ogni ciotola otterrà 1 mandarino.
2. Spremere il succo dal limone e dall'arancia sopra l'insalata.

Mela Rossa E Cavolo Nero

10 Min. per prepararsi / 10 Min. fare
Produce: 5 Porzioni
Punteggio nutrizionale: calorie: 261 / carboidrati netti: 26,6 g / Grassi: 17,8 G / proteine: 4 g

Ingredienti:

- 3 mele a fette sottili
- 2 mazzi di cavolo tritati
- 100 gr di mandorle scheggiate
- 100 gr di fiocchi di cocco

Condimento Al Limone:

- Succo di 1 limone
- 1 spicchio d'aglio tritato
- 2 gr di Senape di Digione
- 50 ml di olio pressato a freddo di scelta
- Sale e pepe

Tecnica:

1. Preparare il condimento al limone combinando tutti gli ingredienti e sbattendo fino a che liscio. Accantonare.
2. Preparare tutti gli ingredienti dell'insalata; condire e mescolare per combinare.

Insalata Di Cavolfiori E Ceci

15 Min. per prepararsi / 10 Min. fare
Produce: 4 Porzioni
Punteggio nutrizionale: calorie: 704 / carboidrati netti: 89,5 g / Grassi: 32,6 g / Proteine: 23,4 g

Ingredienti:

- 1 Testa di cavolfiore-tagliata a cimette
- 1 mela tagliata a fette sottili
- 2 avocado tagliati e tagliati a cubetti
- 2 gr di peperoncino in polvere
- 1 scalogno a fette sottili
- 1 manciata di coriandolo tritato
- 1 manciata di menta tritata
- 1 barattolo di ceci puliti
- Sale e pepe

Tecnica:

1. Nel tuo robot da cucina, pulisci il cavolfiore fino a quando la sua consistenza non è diventata simile al riso.
2. Mescolare tutti gli ingredienti con un po' di olio d'oliva e succo di lime fresco.

Tacos Di Mango E Ananas Alla Fragola

15 Min. per prepararsi / 5 Min. fare
Produce: 2 Porzioni
Punteggio nutrizionale: calorie: 452 / carboidrati netti: 68,6 g / Grassi: 21,6 g / Proteine: 8 g

Ingredienti:

- 200 gr di fragole a fette
- 250 gr di ananas appena tagliato
- 1 mango a cubetti
- 250 gr di pomodorini
- 1 avocado
- Foglie di lattuga romana
- 50 gr di cipolla rossa tritata e imbevuta
- 1 manciata di coriandolo tritato
- 1 piccola manciata di basilico tritato
- Succo di 1 lime
- Sale e pepe

Tecnica:

1. Mettere le foglic di romaine su un piatto da portata.
2. In una piccola ciotola, unire fragole, ananas, mango, pomodori ed erbe aromatiche. Accantonare.
3. In un'altra ciotola, schiacciare l'avocado con cipolla, succo di lime, sale e pepe. Mantieni l'avocado grosso.
4. Stendere un cucchiaio del mix di avocado su ogni foglia di romaine.
5. Coprire con il mix di frutta.

Insalata Di Barbabietole Arcobaleno

10 Min. per prepararsi / 15 Min. fare
Produce: 3 Porzioni
Punteggio nutrizionale: calorie: 615 / carboidrati netti: 46,8 g / Grassi: 44,5 g / Proteine: 18,3 g

Ingredienti:

- 200 gr di spinaci
- 250 gr di edamame cotto
- 1 avocado a cubetti
- 1 barbabietola a fette
- 1 peperone a fette
- 1 carota sbucciata e grattugiata
- 20 gr di rucola
- 200 gr di mirtilli freschi
- 100 gr di mandorle scheggiate

Tecnica:

1. Per preparare la medicazione, unire tutti gli ingredienti e metterli in frigo per mantenerli freschi.
2. Tostare le mandorle sul fornello fino a doratura.
3. Unire tutti gli ingredienti dell'insalata e completare con succo di limone appena spremuto.

Noce e Pera con Condimento di Semi di Papavero al Limone

15 Min. per prepararsi / 10 Min. fare
Produce: 4 Porzioni
Punteggio nutrizionale: calorie: 408 / carboidrati netti: 32,6 g / Grassi: 30 g / Proteine: 10,1 g

Ingredienti:

- 2 pere affettate
- 800 gr di spinaci
- 1 avocado a cubetti
- 150 gr di mirtilli secchi
- 200 gr di noci comuni

Condimento Di Semi Di Papavero Al Limone:

- 30 ml di olio di avocado
- 30 ml di acqua fredda
- 2 gr di Senape di Digione
- 5 gr di cipolla in polvere
- 2 gr di scorza di limone
- Succo di 2 limoni
- 10 gr di semi di papavero
- 10 ml di sciroppo d'acero
- 1 gr di sale marino

Tecnica:

1. Sbattere insieme tutti gli ingredienti del condimento e raffreddare fino a quando l'insalata è pronta.

2. Mescolare tutti gli ingredienti dell'insalata e aggiungere il condimento.

Insalata Di Fagioli Bianchi E Asparagi

10 Min. per prepararsi / 15 Min. fare
Produce: 2 Porzioni
Punteggio nutrizionale: calorie: 600 / carboidrati netti: 50,2 g / Grassi: 39,6 g / Proteine: 18 g

Ingredienti:

- 150 gr di fagioli bianchi puliti
- 250 gr di asparagi tagliati e sbollentati
- 1 avocado a cubetti
- 1 peperone tritato
- 1.5 gr di prezzemolo tritato
- 1 t. origano secco
- 40 gr di rucola

Dressing:

- 5 ml di olio d'oliva spremuto a freddo
- 10 ml di succo di limone fresco
- 10 ml di senape di Digione
- Sale e pepe

Tecnica:

1. Unire tutti gli ingredienti per la medicazione e conservare in frigorifero fino al momento dell'uso.

2. Sbollentare gli asparagi facendo bollire per 3-5 minuti finché sono teneri. Eseguire sotto l'acqua fredda una volta fatto.
3. Mescolare tutti gli ingredienti dell'insalata e servire sopra la rucola.
4. Condire con il condimento.

3 Insalata di Fagioli con Patate Dolci Arrosto

20 Min. per prepararsi / 30 Min. fare
Produce: 2 Porzioni
Punteggio nutrizionale: calorie: 906 / carboidrati netti: 135 g / Grassi: 30,8 g / Proteine: 30,4 g

Ingredienti:

- 100 gr di:
  - Fagioli bianchi
  - Fagioli Pinto
  - Fagioli neri
- 430 gr di pelati e tagliati a dadini patate dolci
- 1 cipolla rossa tagliata a dadini
- 20 gr di coriandolo
- 1 spicchio d'aglio tritato
- 20 gr di semi di zucca
- Succo di 1 lime
- 2 gr di peperoncino in polvere
- 1 gr di sale marino
- Olio pressato a freddo

Tecnica:

1. Preriscaldare il forno a 200° C.
2. Mescolare le patate dolci e le cipolle con 10 ml di olio. Cuocere fino a quando le patate dolci sono alla tenerezza desiderata. Questo richiederà circa 35 minuti.
3. Mescolare insieme succo di lime, spicchio d'aglio, peperoncino in polvere, sale marino e 10 ml di olio per preparare la medicazione.
4. Risciacquare e scolare i fagioli.

5. Una volta che le patate dolci e le cipolle sono fatte, trasferire in una grande ciotola. Unire con fagioli, coriandolo e semi di zucca.
6. Condire con il condimento.

Conclusione

Spero che vi sia piaciuta la vostra copia de *Il libro di cucina completo a base vegetale*. Speriamo che sia stato informativo e che vi abbia fornito una buona base di ricette che vi permetterà di vivere facilmente lo stile di vita della dieta a base vegetale.

Binge Eating In Italiano:

Guida al Binge Eating per Fermare le Abbuffate

Introduzione

Congratulazioni per aver scaricato *Binge Eating: Guida per fermare e superare l'eccesso* di cibo e grazie per averlo fatto. L'obesità è onnipresente oggi In molte città oltre la metà degli adulti è obesa e anche molti bambini lo sono. Uno dei maggiori fattori che contribuiscono all'obesità è il binge eating. Il binge eating è quando qualcuno è spinto a mangiare compulsivamente e continua a mangiare oltre il punto di sazietà e persino superato il punto di dolore fisico. Spesso avviene in uno stato di coscienza alterato in cui chi mangia non si accorge nemmeno di ciò che mangia. Il binge eating abbastanza spesso è un fattore che contribuisce all'epidemia di diabete.

I capitoli seguenti discuteranno le cause del binge eating e impareranno come fermarlo. Imparando cosa fa scattare un episodio di abbuffata, una persona ha il potere di interrompere il ciclo che la mantiene malsana e infelice. È anche spiegato perché le diete non vi faranno dimagrire né smetteranno di mangiare troppo. Vengono descritte le cattive abitudini che vi tengono bloccati nelle continue abbuffate insieme a un modo semplice per eliminarle. È inclusa una guida per creare un piano alimentare che vi darà il controllo completo sull'assunzione di cibo. Infine, un capitolo dedicato alle strategie per un continuo successo nell'evitare le abbuffate e le malattie ad esse associate.

Ci sono molti libri su questo argomento sul mercato, grazie ancora per aver scelto questo! Ogni sforzo è stato fatto per fornirvi quante più informazioni utili possibili, buon lettura!

Capitolo 1: Identificare e Superare le Cause dell'Abbuffata

Dite a voi stessi che non cederete questa volta. Dovete solo essere un po' più forti. È solo una questione di forza di volontà. Resistete per un po', e poi cedete alla voglia di abbuffarvi. Biscotti, gelato, riso fritto, tacos, non importa. Anche se è il cibo che amate, non lo apprezzate particolarmente. Lo mangiate senza pensare. Forse tutto in una volta o forse scegliete tutto il giorno. Potreste anche non ricordarvi di averlo mangiato dopo. Alla fine, iniziate a sentirvi male e troppo pieni. Ma continuate a mangiare. Ancora un po'... e poi non potete più mangiare. Non c'è fisicamente spazio nel vostro stomaco. Non potendo più mangiare, tutto ciò che resta da fare è sbarazzarsi delle prove e iniziare il ciclo del disgusto di sé e della vergogna. Ecco cosa si prova a mangiare in modo incontrollato.

L'abbuffata è un comportamento compulsivo. È ritualizzato e modellato. È guidato dal subconscio. Avete poco controllo su di esso. La voglia di abbuffarsi può essere divorante. Non inizia e finisce con il mangiare troppo. È un ciclo, un sistema che si perpetua. C'è un fattore scatenante, una sessione di alimentazione e poi vergogna e sensazione di malessere. Questi effetti collaterali vi lasciano più suscettibili a ricominciare il ciclo ancora e ancora.

Ci sono gravi ripercussioni sul binge eating. L'obesità e il diabete sono più spesso associati alle abbuffate. Ognuno ha costi sanitari e monetari potenzialmente schiaccianti. Ci sono complicazioni di salute mentale a lungo termine che derivano anche dal binge eating. L'immagine negativa del corpo e la vergogna associati ai disturbi alimentari possono stimolare la depressione e i sentimenti di impotenza. A parte i gravi effetti a lungo termine, ci sono anche effetti immediati. Nausea, dolore addominale e bassa energia hanno un impatto sulla qualità della vita, così come la sensazione di malessere che proviene dall'abbuffata al tuo corpo.

La causa del binge eating non è nota. È probabilmente una combinazione di fattori psicologici, ambientali e biologici, che agiscono tutti sulla mente subconscia. L'atto di abbuffarsi avviene in uno stato di coscienza alterato. Poiché queste sono entrambe aree in gran parte fuori dal nostro controllo cosciente, il modo migliore per risolvere il problema è affrontare qualcosa su cui abbiamo un certo controllo: i trigger.

Qualsiasi cosa può servire da trigger. Probabilmente ci sono tanti fattori scatenanti quante sono le persone. Dipende solo dall'individuo cosa li spronerà o meno ad abbuffarsi. Potrebbe essere un odore, un pensiero, stress al lavoro o a casa, o anche solo una cattiva abitudine.

Riconoscere i fattori scatenanti è necessario per interrompere il ciclo e smettere di mangiare incontrollato.

Alcuni trigger sono facilmente riconoscibili. La più ovvia è la fame. È il più ovvio e il più difficile da superare al momento. Più siete affamati, più cibo farete/ordinerete e più ne mangerete. Infatti, l'essere affamati garantisce di trasformare il prossimo pasto in una seduta di sovralimentazione seguita da malessere e vergogna.

Non tutti i trigger sono evidenti. Molti sono nascosti nella nostra psiche e persino nella nostra funzione metabolica. Significa che il vostro corpo si sta innescando a mangiare troppo e ad abbuffarsi. La disidratazione può essere un fattore scatenante. A volte il corpo invia un messaggio per consumare acqua facendovi venire sete. Ma poiché tutto il cibo contiene un po' d'acqua, il corpo può anche segnalarvi di mangiare per ricostituire le riserve d'acqua.

Bassi livelli di nutrienti necessari nel sistema portano al binge eating, poiché il corpo richiede più cibo per sostituirli. Qualunque sia il fattore scatenante, conoscerli è il primo passo per affrontarli.

Non dormire a sufficienza può rendervi meno vigili e quindi più suscettibili a mangiare troppo. Quando non vi sentite bene potete prendere decisioni sbagliate e farvi prendere da un ciclo di abbuffate. Di per sé, la mancanza di sonno può causare aumento di peso. Aggiungete in binge eating e potrete vedere come il rally della privazione del sonno funziona contro di voi nella vostra ricerca di una migliore salute.

Molti fattori scatenanti possono essere difficili da evitare, come lo stress. Non si sa mai quando si hanno problemi al lavoro o con il coniuge. Il mondo è un posto stressante e accadono cose indesiderabili casuali. Come si evita l'inevitabile? Non lo fate. Ci sono una varietà di cose che riducono lo stress che potete fare per calmarvi. Meditazione, esercizio fisico, esercizi di respirazione o altri metodi possono essere utilizzati per evitare di mangiare troppo.

La salute mentale può anche innescare il mangiare. La depressione e altri problemi di salute mentale possono farci abbuffare. Il cibo può essere usato per auto medicare. Ci calma ed esalta allo stesso modo delle droghe. Ha senso cercare di alleviare l'angoscia della malattia mentale con il cibo che porta alla necessità di aiuto da parte dei professionisti della salute mentale.

L'unico modo migliore per porre fine all'impulso di abbuffarsi è riconoscere i trigger e le trappole che ci portano ad abbuffarsi e ad altri comportamenti indesiderabili. Sapere quali sono i tuoi trigger ti dà il primo controllo sul binge eating. Mettere al lavoro questa conoscenza è il prossimo passo nella battaglia. Esercitatevi ad allontanarvi dai fattori scatenanti che vi riguardano. Fate in modo che non ci si faccia prendere dall'abitudine di rimanere intrappolati in queste trappole. Più lo fate, più facile diventa. Mantenersi nutriti e idratati. Scegliere cibi freschi di qualità superiore, quando possibile, per massimizzare la salute e il benessere è la chiave per sostenere una vita senza abbuffate. Abbiate cura di voi stessi e fate uno sforzo per rimanere in forma e attivi. Assicuratevi di dormire a sufficienza. La privazione del sonno può stimolare l'aumento di peso e il declino della salute, il che aumenta il rischio di fattori scatenanti. Con una sufficiente cura di sé, le abitudini alimentari malsane e i loro effetti possono essere ridotti al minimo.

Capitolo 2: Gestite il Cibo

Mangiamo cibo per produrre energia per noi stessi per fare tutte le cose necessarie alla sopravvivenza e per ricostituire le materie prime necessarie per costruire e riparare i tessuti del corpo. Sfortunatamente, molti degli alimenti che mangiamo oggi sono molto ricchi di calorie e molto poveri di nutrienti. Ciò ha portato a una popolazione obesa e malnutrita! Oltre all'obesità, il cibo che mangiamo causa il diabete e una cattiva salute generale. Per il mangiatore incontrollato, gli effetti di questa dieta si moltiplicano.

Gli alimenti consumati durante il binge eating tendono ad essere quasi esclusivamente le parti peggiori di una dieta già malsana. Abbuffarsi di cibi ad alto contenuto calorico come dolci trasformati, carni grasse e cibi fritti può aggiungere calorie per un'intera giornata in pochi minuti. Mangiare questi alimenti trasformati zuccherini può essere catastrofico per la salute di una persona. E non è finita qui. Ci sono almeno tre modi in cui gli alimenti trasformati possono *causare* o, almeno facilitare, il binge eating.

Picco di Zucchero nel Sangue

Gli alimenti ad alto contenuto di zucchero raffinato e carboidrati semplici (prodotti a base di farina sbiancata) vengono metabolizzati molto facilmente dal sistema digestivo. Possono essere scomposti in glucosio (zucchero nel sangue) in pochi minuti. Il glucosio è il carburante che usiamo per alimentare i nostri sistemi corporei. I livelli di glucosio nel nostro sangue aumentano quando mangiamo zuccheri e carboidrati semplici perché il corpo li scompone in carburante che viene depositato nel flusso sanguigno molto rapidamente. In altre parole, abbiamo a disposizione una grande quantità di carburante ... troppo, in effetti, da usare tutto in una volta. Il corpo reagisce alla glicemia alta rilasciando insulina, che avvia il processo di immagazzinamento dell'energia in eccesso sotto forma di grasso. Man mano che i livelli di glucosio diminuiscono, anche la nostra energia diminuisce. Questo ciclo di zucchero nel sangue estremamente alto seguito da zucchero nel sangue estremamente basso è ciò che causa il diabete. Può anche innescare e mangiare abbuffate. Quando il nostro livello di zucchero nel sangue diventa molto basso, mangiare di nuovo lo fa tornare su. Il corpo invia segnali che ci obbligano a mangiare e spesso il risultato è l'eccesso di cibo. Questo è un ciclo di feedback di causa ed effetto in cui è molto facile rimanere intrappolati e da cui può essere difficile uscire.

Alimenti di qualità come frutta e verdura fresca, carne magra e pesce, sono più difficili da abbattere per il corpo e da cui estrarre energia. Il risultato è un aumento più lento della glicemia senza il picco malsano. Gli zuccheri estratti dal buon cibo fluiscono lentamente nel flusso sanguigno e forniscono energia costante per ore, invece che minuti. Consideralo come la differenza tra gettare un ceppo sul fuoco e gettare una bombola di gas sul fuoco. Il gas rilascerà enormi quantità di energia, ma sparirà tutto in pochi secondi. Il ceppo continuerà a bruciare e fornire calore per molto tempo.

Gli Alimenti Trasformati Sono Poveri di Nutrienti

Un altro aspetto della dieta fast food / cibo in scatola è che è generalmente povero di nutrienti necessari per una buona salute. La lavorazione degli alimenti, come la macinatura, l'ebollizione e la conservazione, elimina preziose vitamine, minerali e altri nutrienti. Il nostro corpo reagisce alla mancanza di nutrienti insistendo sul fatto che mangiamo di più per recuperarli. Un altro ciclo che si autoalimenta: i cibi che mangiamo non ci nutrono e il nostro corpo ne richiede di più, anche quando non abbiamo fame, nel vano tentativo di ricostituire le riserve di nutrienti. Molti alimenti trasformati contengono additivi chimici che non sono digeribili. Per sbarazzarsi di queste sostanze chimiche, il corpo si esaurisce ulteriormente dei nutrienti necessari per eliminare gli additivi.

Gli alimenti ricchi di nutrienti sostituiscono le riserve di vitamine e minerali di cui il corpo ha bisogno. Ecco perché mangiare un pasto sano e di qualità soddisfa senza necessariamente sentirsi sazi. Il corpo mancava di nutrienti, non di calorie.

Lo Zucchero Crea Dipendenza

Probabilmente l'aspetto più insidioso di una dieta ricca di zuccheri è che può creare dipendenza. Sempre più scienziati stanno cercando di dimostrare che lo zucchero può creare dipendenza come le droghe pesanti come la cocaina. Lo zucchero, a dosi elevate, altera la chimica del cervello allo stesso modo della cocaina e dell'eroina. Come altri farmaci che creano dipendenza, più zucchero viene ingerito, più si vuole mangiare. È ancora un altro modello ciclico che si rafforza nel mangiatore incontrollato.

Limitare o evitare lo zucchero trasformato è il modo migliore per affrontare la dipendenza. Ma più importante che rimuovere gli alimenti dalla vostra dieta è aggiungere tanto cibo denso di nutrienti quanto il vostro corpo ha bisogno per crescere, guarire e alimentarsi. Alimenti come carni magre, frutta e verdura fresca, pesce, noci e semi vi daranno tutti gli elementi costitutivi e l'energia costante di cui avete bisogno. Non si tratta di scegliere cibo buono rispetto a cibo cattivo. Se mangiate cibi buoni che vi piacciono e che sono sani, probabilmente vi accorgerete di volere meno cibo trasformato.

Decidere quando mangiare può essere importante quanto cosa mangiare. I pasti dovrebbero essere distanziati per ridurre al minimo la fame. La fame è il peggior fattore scatenante del binge eating. Se si è affamati, le possibilità di evitare un'abbuffata alimentare sono molto scarse. Un programma ideale prevede che la colazione venga servita il più tardi possibile, ma non così tardi che i morsi della fame vi fanno mangiare troppo. Più tardi si consuma la colazione, più lungo è il "periodo di digiuno" tra la cena della sera prima e la colazione. Più lungo è il periodo di digiuno, più calorie vengono consumate. Allo stesso modo, cenare prima allungherà il periodo di digiuno favorendo così la perdita di peso. Ancora una volta, la cena non dovrebbe essere così presto da farti venire di nuovo fame prima di andare a letto, perché alla fine questo porterà a mangiare troppo.

Controllare quali cibi mangi e quando li mangi può alleviare molti dei fattori che portano al binge eating. Passare a una dieta alimentare di alta qualità che limiti l'assunzione di alimenti trasformati farà il massimo per aiutarvi a vivere una vita più sana.

Capitolo 3: Porre Fine alla Dieta e ad Altre Cattive Abitudini

Le diete alla moda non funzionano. La maggior parte delle diete vi aiuterà a perdere peso a breve termine. Ma la stragrande maggioranza delle persone recupera tutto il peso perso. Spesso guadagnano più di quanto hanno perso in primo luogo. Le diete sono solite molto restrittive sia nei tipi di alimenti che potete mangiare che nella quantità. Rimanere a dieta può essere un duro lavoro. Soprattutto se non vi piacciono i tipi di cibi che potete mangiare. Le diete sembrano una punizione, e alla fine ci allontaniamo da loro e ci ritroviamo tra le braccia in attesa di un'abbuffata di cibo.

Le diete sono progettate per fallire. Pensiamo alle diete come una sofferenza temporanea che possiamo fermare una volta perso il peso di cui vogliamo liberarci. Quindi, anche se riuscite a perdere ogni grammo di peso che volevate perdere, non c'è niente che vi impedisca di recuperare tutto una volta che avete interrotto la dieta. Poche persone arrivano così lontano. Le diete vengono generalmente interrotte molto prima che vengano raggiunti gli obiettivi di perdita di peso. Fallire una dieta ci fa sentire deboli e senza speranza. La dieta è una delle tante cattive abitudini che portano al binge eating.

Le dipendenze da cibo, come la dipendenza da droghe e alcol, possono essere molto difficili da controllare. Le abitudini, d'altra parte, sono relativamente facili da cambiare. Le abitudini derivano dalla ripetizione e dalla routine. C'è poco o nessun attaccamento emotivo a un'abitudine. Annullare una cattiva abitudine può essere semplice come fare qualcos'altro ancora e ancora finché non diventa abituale. Alcune cattive abitudini comuni che si nutrono di cibo sono:

Aspettare Troppo a Lungo per Mangiare

Pensate che se resistete e aspettate prima di mangiare perderete più peso. O forse avete solo perso la cognizione del tempo e non ve ne siete resi conto fino a quando non siete stati molto affamati. In entrambi i casi è probabile che ora stiate mangiando troppo. È quasi impossibile non farlo quando siete dei mangiatori incontrollati. Questa abitudine può essere facilmente interrotta pianificando gli orari dei pasti e avendo il cibo preparato e pronto per essere consumato.

Giornata Libera (abbuffata)

Alcune persone credono che lasciarsi abbuffare periodicamente faccia uscire la voglia dal proprio organismo. Un giorno alla settimana vi permettete di mangiare quello che volete in qualsiasi quantità. Questa è una cattiva idea perché rafforza l'idea che il binge eating a volte sia accettabile. Molto rapidamente inizierà ad accadere più spesso e quindi ogni giorno è potenzialmente un giorno libero.

Mangiare in Macchina

Lo facciamo tutti, ma è una cattiva abitudine, soprattutto per i mangiatori incontrollati. In auto si è isolati dal mondo esterno e si può mangiare in privato. Questo è esattamente il numero di persone che preferiscono abbuffarsi. I tipi di alimenti che si mangiano in macchina sono quasi interamente confezionati o fast food. Quindi, anche se non vi abbuffate in macchina, i cibi che mangiate lì sono sicuri di essere al massimo di calorie vuote.

Nient'altro che Alimenti Trasformati in Casa

Mangiare solo alimenti trasformati può causare un eccesso di cibo, come discusso nel capitolo precedente. Avere solo questi tipi di alimenti a portata di mano significa che è quello che mangerete quando avrete fame. Dovreste sempre avere cibi buoni prontamente disponibili.

Mangiare Cibi che Non Ci Piacciono

Pensiamo che per perdere peso e stare in salute, dobbiamo soffrire. Parte di quella sofferenza sta nel mangiare cibi che non ci piacciono perché fanno bene. Se vi viene fame e avete in casa solo cavoli da mangiare, potreste finire per uscire a mangiare al fast food. Comprate e mangiate cibi sani che volete mangiare.

Pensare all'Esercizio come Punizione

Tendiamo a pensare all'esercizio fisico come una penitenza per aver mangiato troppo. Quando la pensiamo in questo modo, è una fatica. Dovete sforzarvi di andarvene, e non vedete l'ora che sia tutto finito. Non ci vuole molto prima che smetta di andare del tutto. L'esercizio fisico, come i cibi sani, deve essere piacevole perché ci sia la possibilità che voi li manteniate. Scegliete qualcosa che vi piace fare per l'esercizio fisico. Essere attivi è una delle cose migliori che potete fare per voi stessi. Trovate qualcosa che vi piace e fatelo.

Fare uno Spuntino

Fare uno spuntino può essere un modo efficace per frenare l'appetito o trattenervi fino al pasto successivo. Il più delle volte, tuttavia, è solo una cattiva abitudine che può rapidamente trasformarsi in abbuffate. Se dovete mangiare degli snack, limitateli a cibi sani in piccole porzioni.

Alcool

Bere alcol abbassa le inibizioni e spesso finisce con l'eccesso di cibo. Un'abbuffata alimentata da alcol è particolarmente dannosa perché ci sono molte calorie nella maggior parte delle forme di bevande alcoliche. Una notte di bevute può significare consumare tante calorie quanto un intero pasto. Il bere pesante può farvi assumere più calorie di quante ne dovreste assumere in un giorno intero di pasti. Bere meno spesso e mangiare un buon pasto prima di bere può aiutare, ma è meglio evitarlo il più possibile.

Smettere di stare a dieta è facile. Anche cambiare altre cattive abitudini è generalmente abbastanza facile. Un po' di pianificazione in anticipo risolve la maggior parte di loro, il resto ha solo bisogno di una buona abitudine per sostituirli. Il vantaggio di rinunciare a tutti è una maggiore capacità di evitare episodi di abbuffate.

La dieta non aiuta. Molti di noi hanno seguito diete per tutta la vita. Non perdiamo peso in modo permanente con le diete e, peggio ancora, ci mantengono in un ciclo di fame noi stessi, poi abbuffate, vergogna e ritorno alla dieta. È una trappola che ci trattiene dal fare il lavoro che effettivamente ci guarirà. Altre cattive abitudini hanno un effetto simile. L'eliminazione delle cattive abitudini legate al cibo libera la strada dagli ostacoli per una salute migliore. E' l'inizio se la costruzione di un piano per come si mangia andando avanti.

Capitolo 4: Creare un' Alimentazione Sostenibile e Abitudini di Vita

Come abbiamo visto, le diete non vi aiuteranno a perdere peso. Non vi aiuteranno nemmeno con il binge eating; infatti la dieta può essere parte del ciclo che ci porta a mangiare binge eating. Quando una dieta ci delude, entriamo in un'alimentazione caotica e non pianificata. Questi sono i momenti in cui facciamo il maggior danno a noi stessi con il cibo. Le scelte alimentari vengono fatte al momento e tendono ad essere cibi di conforto elaborati. Desideriamo ardentemente i cibi che ci è stato proibito di mangiare nella dieta che abbiamo appena smesso. Anche se non ha un buon sapore, lo mangiamo ribellandoci all'oppressione della dieta. Mangiare caotico non è una soluzione, quindi cosa dovremmo fare? La risposta è essere intelligenti su come mangiate. Scegliere cibi buoni e pianificare i pasti in anticipo.

Le diete falliscono perché sono restrittive e vi prendono i vostri cibi preferiti. Invece di portare via gli alimenti, aggiungete cibi freschi densi e nutrienti di alta qualità. Mangiate abbastanza di questi alimenti per dare energia e saziare il vostro corpo.

È importante ricordare di trovare i cibi sani che vi piace mangiare. A tutti piace l'idea del cavolo nero, ma a nessuno piace davvero mangiarlo. Se cercate di forzarvi a mangiarlo, siete tentati da un'abbuffata di contraccolpi. Mangiare cibo dovrebbe essere piacevole, non noioso. Se vi piace mangiare in questo modo continuerete a farlo. Altrimenti non lo farete. Non siete limitati a cibi sani. Altri cibi meno sani possono ancora essere mangiati, ma non sono più il fulcro del pasto. Dal momento che potete mangiare quello che volete veramente, non ci sono restrizioni a cui ribellarvi. Se avete voglia di qualcosa che potete avere, assicuratevi di prendervi cura prima di tutto di tutte le esigenze nutrizionali del vostro corpo.

Pianificare i pasti vi dà il massimo controllo sull'assunzione di cibo. Quando decidete cosa mangiare in anticipo, potete scegliere cibi che vi riempiano e vi nutrono. Avete più controllo sulle dimensioni delle porzioni quando pianificate un pasto. La maggior parte delle persone mangia tutto ciò che ha di fronte anche se è più di quanto volesse veramente. Impostando in anticipo una dimensione della porzione, è possibile ridurre il consumo eccessivo. Potete anche controllare la quantità di alimenti trasformati che mangiate. Questo vi permette di avere gli alimenti che desiderate, ma in quantità minore, mescolati con alimenti nutrienti.

Avere un programma alimentare include anche decidere quando mangiare. Come discusso in precedenza, i tempi dei pasti svolgono un ruolo nell'evitare i trigger, oltre a massimizzare l'uso dell'energia derivata dal cibo. Distanziare i pasti più lontano aumenta il numero di calorie bruciate, ma rischia anche di aumentare la fame e aumentare il rischio di abbuffate. Trovare un equilibrio tra i due è necessario e dipende dai vostri obiettivi. Se la perdita di peso è la ragione principale per cambiare le vostre abitudini alimentari, distribuite di più i pasti, soprattutto il tempo tra la cena e la colazione. Se la fine delle abbuffate è la vostra preoccupazione principale, sarebbe meglio abbreviare il tempo tra i pasti.

Una decisione importante da prendere nel vostro piano alimentare è se volete o meno consentire gli spuntini. Gli spuntini possono essere un problema. Quando mangiamo in modo incontrollato, non pensiamo consapevolmente al cibo o mangiandolo. In altre parole, non siamo consapevoli del nostro cibo. Quando mangiate qualcosa che vi piace, il cibo dovrebbe avere la vostra piena attenzione. Se lo mangiate senza pensarci e non ve ne accorgete nemmeno, perché prendersi il disturbo di mangiarlo? Fare uno spuntino di solito non è mangiare consapevolmente. Mangiamo qualcosa mentre lavoriamo o guardiamo la televisione. Questo potrebbe essere il motivo per cui fare spuntini ci porta a mangiare troppo facilmente. Ma se pianificate degli spuntini, vanno bene. Spuntini gustosi e di alta qualità pre-porzionati possono trattenerti tra i pasti e impedirvi di arrivare al punto di fame vorace dove le abbuffate sono inevitabili. Avendo un piano alimentare, potete fare degli spuntini una parte benefica del vostro percorso quotidiano. Senza pianificazione, fare spuntini è un invito all'abbuffata.

Pianificando i cibi che mangiate e programmando gli orari in cui li mangiate, eliminate molte delle insidie che portano ad abbuffarsi. Vi date anche la possibilità di controllare l'assunzione di cibo e di personalizzarlo per raggiungere gli obiettivi che vi siete prefissati. Decidete voi se volete adattare il vostro piano per perdere peso, gestire l'eccesso di cibo o entrambe le cose.

Insieme a un piano alimentare, un piano per dormire a sufficienza ed esercizio fisico renderà il vostro programma alimentare molto più efficace. Il sonno e l'esercizio fisico vi rafforzano e vi riempiono.

Trovare una forma di esercizio che vi piaccia veramente e programmare il tempo per farlo regolarmente migliora ulteriormente la vostra capacità di controllare il vostro mangiare e la vostra vita. L'ideale sarebbe fare qualcosa che vi piace fare e che non vedete l'ora di fare. Se è qualcosa che si vuole fare, ci sono molte più possibilità di continuare a farlo.

Infine, dormire a sufficienza è necessario per ottenere tutti i benefici dal modo in cui mangiate e vi allenate. Una notte di sonno completa vi permetterà di perdere peso. Quando si è privati del sonno, il corpo si aggrappa al peso ed è estremamente difficile perderlo. L'esercizio rompe muscoli e ossa. Il corpo ripara e rafforza i muscoli e le ossa meglio quando dormite. Il buon cibo, l'esercizio fisico e il sonno adeguato vi aiuteranno a guardare e a sentirvi al meglio. Il modo in cui vi vedete va molto verso il modo in cui vi trattate.

Ora avete gli strumenti per cambiare il vostro modo di mangiare e di sentirvi. Si ha il controllo su molti dei fattori scatenanti che fanno scintillare il cibo. Gli effetti di trigger non sotto il vostro controllo possono essere attenuati o evitati completamente grazie ai piani che avete in atto. Con questi strumenti la spinta al binge eating può essere gravemente indebolita o eliminata del tutto. L'ultima parte del puzzle è mantenere il piano alimentare e isolare ulteriormente da una possibile ricaduta. .

Capitolo 5: Accettazione di sé ed Evitare le Ricadute

Una volta che avete sotto controllo i vostri trigger e mangiate pasti sani e nutrienti ad orari regolari e tutto va bene, come si fa a evitare una ricaduta? Come discusso nei capitoli precedenti, evitare i trigger è estremamente importante. Ma a volte i trigger sono difficili da evitare. Avere un'immagine del corpo negativa rende il vedersi allo specchio un potenziale fattore scatenante. È piuttosto difficile evitare se stessi, quindi se l'immagine negativa del corpo è un fattore scatenante per voi, allora dovrete trovare il modo di migliorare il vostro modo di vedere voi stessi.

L'immagine del corpo negativa significa sentirsi a disagio nella propria pelle. Non credete di essere attraenti o di essere degni di essere attratti dagli altri. Provate ansia e vergogna per le dimensioni del vostro corpo e vi vedete come un fallimento per averlo permesso.

Può fungere da stimolo per alcuni, ma anche se non porta direttamente a mangiare troppo e ad abbuffarsi può avere un ruolo in una ricaduta. Quando vi sentite bene per il vostro aspetto, fare il lavoro per apparire e sentirsi in salute è più facile. Se non vi piace il vostro aspetto, può trascinare giù il vostro umore e la vostra capacità di fare scelte salutari. Mantenere un'immagine corporea positiva di noi stessi è importante per mantenere una vita senza abbuffate. Se, ogni volta che vi vedete allo specchio vi deprimete, potreste finire in un ciclo di sovralimentazione. Questo capitolo riguarda il miglioramento dell'immagine corporea e altri modi per ridurre il rischio di ricadere nell'eccesso di cibo.

Le cause dell'immagine negativa del corpo sono in gran parte dovute alla presentazione di corpi ideali come normali nei media. I bambini crescono in un mondo credendo che i corpi impeccabili che vedono nei media siano come dovrebbero apparire e che siano difettosi. Ci lasciamo prendere dal confronto con i corpi perfetti che vediamo e ci troviamo a mancare. Sentirsi in questo modo sul proprio corpo può farvi sentire eccessivamente coscienti di voi stessi in pubblico. I sentimenti negativi sul vostro aspetto sono sentimenti negativi su chi vi vedete. Esistono modi per combattere l'immagine negativa del corpo.

Accettatevi per Quello che Siete

Nessuno è perfetto. Vuoi assomigliare a quell'attore o top model? Non è possibile. *Non* sembrano nemmeno così! Squadre di formatori, dietisti, truccatori, terapisti del sonno, chirurghi plastici e altri vengono pagati un sacco di soldi per mantenerli il più belli umanamente possibile. Anche con tutto questo aiuto e un fotografo professionista sotto un'illuminazione perfetta, le loro foto vengono comunque scattate. La perfezione non esiste. Queste immagini potenziate di persone potenziate vi vengono mostrate appositamente per farvi sentire inferiori, in modo che possiate acquistare più prodotti.

Ignorate i Media

Evitate le offerte mediatiche che presentano solo immagini e discussioni "ideali" del corpo. I settori della pubblicità, della moda e dell'intrattenimento non sono vostri amici quando si tratta di immagine corporea. Niente vi farà sentire male per la vostra immagine corporea più velocemente che confrontarvi con una super modella alta un metro e ottanta con curve sorprendenti e una vita sottile come una matita, o con quell'attore perfettamente cesellato con gli addominali. È facile cadere nella trappola. Le immagini di corpi perfetti sono ovunque. Ma, se si distoglie lo sguardo dal portariviste, dalla televisione o dal telefono e si guarda la gente intorno a sé. Non assomigliano neanche alle persone in quelle foto. Probabilmente vi assomigliano molto.

Concentratevi sugli Aspetti Positivi

Trovate un paio di cose del vostro corpo che vi piacciono e concentratevi su queste cose quando emergono pensieri negativi. Meglio ancora, provate a vedere voi stessi attraverso gli occhi di qualcuno che vi adora. Che cosa piace loro del vostro corpo? Invece di rimproverarvi per le imperfezioni, concentratevi sulle vostre qualità positive. Fate lo stesso per le altre persone. Non ci sono buone ragioni per fare commenti negativi sul vostro corpo o sul corpo di altre persone.

Fate un po' di esercizio

L'esercizio fisico non solo vi farà sentire meglio e vi farà apparire più belli, ma può farvi sentire forti e sicuri di voi stessi. Come per le scelte alimentari, scegliere una forma di esercizio che trovate piacevole renderà più facile mantenerla. Escursionismo, nuoto, paddle board, sport di squadra e individuali o qualsiasi altra cosa che aumenti il vostro battito cardiaco e vi faccia sudare un po'. L'ideale sarebbe trovare un'attività fisica impegnativa che vi piaccia al punto da diventare qualcosa che non vedete l'ora di fare.

L'esercizio fisico è molto importante per evitare di abbuffarsi anche per chi non ha problemi di immagine corporea.

La forza e l'aumento di energia che derivano da un'attività fisica regolare rendono più facile non dover mangiare troppo.

Dormite

Non dormire a sufficienza può essere dannoso per l'immagine del corpo. Può farvi ingrassare e può farvi sembrare più vecchi e, beh, stanchi. Il sonno ringiovanisce. Il vostro corpo si ripara e si rigenera mentre dormite. Sembrerete più sani perché sarete più sani. Una notte di sonno completa può anche rinvigorire lo spirito quando i livelli di energia aumentano.

Tagliate la Corda

Si verificano ricadute. Non ha davvero senso picchiarvi per essere caduti dal carro. L'arrabbiatura per una ricaduta vi rimette in un ciclo di vergogna che vi ha portato qui in primo luogo. Riconoscete che si tratta di un problema difficile e che ci saranno delle battute d'arresto, ma che siete su una strada percorribile verso la salute e ci riuscirete. Tutto quello che potete fare è dare a voi stessi la migliore possibilità di avere successo ogni giorno.

Prendetevi Cura di Voi Stessi

Il modo per sconfiggere il binge eating è attraverso la cura di sé. Prendersi cura di sé con un buon cibo che soddisfi tutte le esigenze del proprio corpo e il proprio bisogno di godersi ciò che si mangia. Dormire e fare esercizio fisico a sufficienza per rendervi più sani e più felici è la cura di sé. Incoraggiare un'immagine positiva del corpo significa anche prendersi cura di se stessi accettando e persino apprezzando chi siete. Quindi, abbiate cura di voi stessi e rimanete in salute!

Conclusione

Grazie per essere arrivati alla fine di Binge Eating*: Guida per fermare e superare l'eccesso di cibo*, speriamo che sia stata informativa e in grado di fornirvi tutti gli strumenti necessari per raggiungere i vostri obiettivi, qualunque essi siano.

Il prossimo passo è decidere che volete cambiare la vostra vita. Siete pronti a fare il lavoro necessario per migliorare la vostra vita? Per uscire dal percorso che porta all'obesità, al diabete, alla cattiva salute mentale e fisica e alla morte prematura? Iniziate con la volontà di cambiare.

Ora che sapete perché alcuni cibi e abitudini alimentari causano obesità e diabete, potete prendere decisioni informate su cosa mangiare e quanto. Il fattore nella scelta degli orari in cui mangiate, e avete la possibilità di personalizzare il vostro piano alimentare per raggiungere gli obiettivi specifici che vi siete prefissati. Se si sceglie di perdere peso, basta evitare di abbuffarsi, o entrambi, dipende da voi.

Sembra che si tratti di un sacco di lavoro. Fortunatamente, i passaggi sostenuti in questo libro sono relativamente facili. Non vi viene chiesto di rinunciare al cibo che amate o di sudare nella miseria come fate gli esercizi che odiate. Non vi viene chiesto di mettervi a dieta. In realtà, dovreste abbandonare del tutto la dieta. La dieta non vi aiuterà, e infatti può farvi male, facendovi ribellare e tornare a mangiare a sbronze. La dieta fa spesso parte del ciclo di abbuffate che vi impedisce di vivere la vita al massimo. Per questi motivi, la dieta dovrebbe essere rifiutata.

Trovare modi per guarire da un'abbuffata che siano sostenibili - nel senso che sono piacevoli da fare, è più facile continuare a farlo, è la chiave per un cambiamento duraturo della vita e per liberarsi dall'eccesso di cibo. Potete cambiare la vostra vita, e ora avete gli strumenti per farlo.

Quindi uscite e vivete la vostra vita migliore. Una vita piena di attività divertenti e un'alimentazione sana e gioiosa che vale la pena vivere. Siate liberi dalle abbuffate e dalla vergogna e dall'autolesionismo che ne derivano. Godetevi di essere pienamente eccitati e guariti dal cibo che mangiate, e non trascinati giù da esso. Vivete nella fiducia che riuscirete ad avere successo, anche se avete una ricaduta, la via del ritorno alla salute è qui per voi. Siate a vostro agio nel vostro corpo e sicuri di voi stessi in mezzo alle altre persone senza essere vittime di problemi fisici negativi. Vivere come esempio per gli altri che si può conquistare il mangiare in abbondanza.

Fitness Nutrizione In italiano/ Fitness Nutrition In Italian:

Come Sbloccare il Vostro Potenziale Fisico Allenandovi e Mangiando in Modo Corretto

Introduzione

Congratulazioni per aver scaricato *Fitness Nutrition* e grazie per averlo fatto.

Nei capitoli seguenti si discuterà di come sbloccare il vostro potenziale illimitato, di come avere un ottimo aspetto attraverso un'alimentazione sana e di come allenarvi in base alle vostre esigenze fisiche.

Ci sono molti libri su questo argomento sul mercato, grazie ancora per aver scelto questo! Ogni sforzo è stato fatto per garantire che sia pieno di quante più informazioni utili possibile, godetevelo!

Immaginate il vostro corpo da sogno... capito? Va bene, ora realizzate che potete raggiungere il vostro corpo da sogno attraverso allenamenti intensi e ricette deliziose che sono semplici e facili da seguire. La nutrizione è il singolo aspetto più importante di guardare e sentirsi bene.

In questo libro, ci sono 11 allenamenti che vanno dal cardio all'HIIT (High-Intensity Interval Training), ai semplici esercizi per il peso corporeo... agli allenamenti che non richiedono alcuna attrezzatura.

OGNI SISINGOLO ESERCIZIO può essere fatto a casa; non c'è bisogno di attrezzi ginnici di lusso per ottenere ciò che si desidera, basta la mentalità.

I seguenti allenamenti di sollevamento pesi includono:

- Petto, spalle e tricipiti
- Schiena, bicipiti e addominali
- Addominali alti e bassi
- Obliqui e fianchi
- Interno ed esterno cosce
- Muscoli posteriori della coscia, quad e polpacci
- Un allenamento completo per il sedere

Ecco l'attrezzatura di cui avrete bisogno: un tappetino per lo yoga, una panca per i pesi, o una palla da fitness, manubri, bilancieri, bilancieri (sono necessari quasi pochi o nessun peso), e una palla medica.

Ogni esercizio comprende una sequenza di riscaldamento necessaria per prevenire lesioni e per aiutare a bruciare più grassi. È importante raffreddarsi dopo ogni allenamento. Potete fare un giro a piedi di cinque o dieci minuti intorno all'isolato o al vostro appartamento/casa o fare delle facili posizioni yoga. Il cooldown è interamente a voi. Si consiglia di allenarsi tre giorni a settimana, mirando a diversi gruppi muscolari per ogni giorno, e poi concedersi un giorno di riposo per un corretto sviluppo muscolare. Se si seguono la routine e le ricette che ho trattato in questo libro, sono garantiti ottimi risultati.

Buon Sollevamento!

Capitolo 1: Petto, Spalle e Tricipiti

È fondamentale riscaldare i gruppi muscolari che si prevede di lavorare in quel giorno. In caso contrario, vi è un grave rischio di lesioni quando i muscoli e le articolazioni non sono adeguatamente preparati.

Riscaldamento

1. **Marcia sul posto:**

   Marcia in posizione per 60 secondi. Fate del vostro meglio non solo per camminare a passo veloce, ma anche per alzare le ginocchia più in alto possibile.

2. **Ginocchia Alte:**

   Questa è una versione esagerata di marcia sul posto. Questo è pensato per mantenere elevata la frequenza cardiaca e per aiutarvi a bruciare più calorie. Correrete rapidamente sul posto, mantenendo i gomiti che toccano la vita con gli avambracci e i palmi allungati parallelamente al pavimento. Fate del vostro meglio per toccare le ginocchia ai palmi delle mani il più velocemente possibile per 60 secondi.

3. **Boxe Squat Pugno:**

   Mettete i piedi alla larghezza delle spalle mentre tenete la schiena dritta mentre vi accovacciate. Tenete le mani sul petto e sporgete il sedere quando vi accovacciate. Mentre vi alzate, in alternativa, ruotate a sinistra e a destra punzonandovi dopo esservi accovacciati. Alzatevi, date un pugno a sinistra con il braccio destro, ruotando il piede destro nel pugno. Giù in uno squat, alzatevi, poi date un pugno a destra con il braccio sinistro. Ripetere per 60 secondi.

4. **Cerchi Grandi con Braccio:**

   Portare le braccia sopra la testa e fate una " V." Quindi create cerchi grandi e larghi con le braccia. Andando avanti per 30 secondi. Invertire la direzione per altri 30 secondi.

5. **Cerchi con il polso:**

   Portare le mani insieme al pettorale e intrecciare le dita. Muovere solo i polsi per 60 secondi.

Allenamento

1. **Pressa Per Bilanciere:**

   Posizionate i piedi in modo che siano appena al di fuori della linea verticale immaginaria che potreste disegnare dalle spalle. Con i palmi delle mani rivolti verso l'interno, afferrate la barra, tenendo le mani un po' più larghe delle spalle - assicuratevi che i polsi rimangano dritti. Tenere i gomiti in avanti un po' oltre il bilanciere, questo aiuterà a mantenere il bilanciere in posizione. Premete il bilanciere verso l'alto e, mentre lo fate, spingete la testa attraverso le braccia una volta che il bilanciere è sopra la testa. Fare quattro serie di ripetizioni; 15-12-10-5

2. **Braccio Singolo in Fila Eretta:**

   Tenere un manubrio con una mano sola al fianco, con i palmi delle mani rivolti all'indietro. Portate il manubrio all'altezza del mento, tenendo il gomito più alto del polso. Rilasciare lentamente il manubrio alla posizione di partenza. Ripeterei sull'altro lato dopo un set. Fare quattro serie di ripetizioni: 15-12-10-5

3. **Dumbbell Incline pressa:**

   Mettete la panca pesi in posizione inclinata o appoggiate la vostra palla da fitness contro un muro e sedetevi ad angolo con la schiena dritta appoggiata alla palla. Tenere i piedi e le ginocchia larghi. Tenere in ogni mano un manubrio vicino alle spalle. Premere i pesi verso l'alto mentre schiacciate i muscoli del torace. I manubri dovrebbero avvicinarsi naturalmente quando li sollevate, ma non hanno bisogno di toccarsi, quindi abbassate lentamente i vostri pesi nella posizione di partenza. Fare tre serie di ripetizioni: 15-12-10-5

4. **Piegato sopra Delt Fly:**

   Tenete un manubrio in ogni mano, tenete i piedi un po' più larghi delle spalle e assicuratevi che le ginocchia siano leggermente piegate. Piegare in avanti i fianchi fino a quando il petto non è quasi parallelo al suolo. Tenere la schiena completamente dritta con i palmi delle mani rivolti verso il basso e poi sollevare i pesi verso l'esterno e verso l'alto fino ai lati. Mantenete il controllo dei vostri movimenti. Fare tre serie di ripetizioni: 15-12-10-5

5. **Pressa Con Manubri Seduti:**

   Sedersi su una panchina tenendo i manubri all'altezza del mento con i gomiti ai lati e i palmi delle mani in posizione rivolta in avanti. Premete i pesi completamente sopra la testa per un'estensione completa - tenere le spalle basse aiuterà a isolare i tricipiti e il torace. Fare tre ripetizioni di 15.

Capitolo 2: Addominali, Sschiena e Bicipiti

Riscaldamento

1. **Cat-Cow Stretch:**

   Mettetevi a quattro zampe con le mani e le ginocchia a distanza di spalle e fianchi. Inarcate delicatamente la schiena, arrotondate e infilate il mento e il coccige sotto di voi. Inspirate e mentre espirate, lasciate cadere la schiena e sollevate il coccige come se fosse tirato su con una corda. Guardate verso il cielo come se cercaste di fare una forma a "U" con la schiena. Ripetere 10 volte.

2. **Tocco Di Punta:**

   Mentre siete in piedi, tenete i piedi uniti e tendete le mani verso il cielo. Piegare in avanti i fianchi e spingere i fianchi all'indietro quando si raggiunge il pavimento, spostando il peso sui talloni. Tenere la schiena dritta. Poi solleveremo e, per farlo correttamente, faremo un leggero giro della colonna vertebrale e solleveremo una vertebra alla volta, finendo nelle posizioni di partenza. Ripetere 15 volte.

3. **Posizione del triangolo:**

   In piedi, fare un grande passo avanti con il piede destro in posizione di affondo. Non lasciate che il ginocchio passi attraverso la caviglia e mantenete la gamba sinistra dritta facendo cadere il ginocchio. Dato che vi siete afflitti in avanti con il lato destro, prenderete la mano sinistra e la poserete a terra proprio a sinistra del piede destro. Prendete il vostro braccio destro e raggiungete il cielo e seguitelo con lo sguardo. Dovreste fare una linea retta con entrambe le braccia. Ripetere sul lato destro e sinistro cinque volte.

4. **Allungamento laterale:**

   Posizionare un palmo su un muro e portare l'intero braccio interno per incontrare il muro pure. Ruotare il petto lontano dal muro e poi tenere premuto per 20 secondi. Ripetere alternativamente su ciascun lato sei volte.

5. **Plank:**

   Mettetevi in posizione di spinta con i piedi uniti e i polsi direttamente sotto le spalle. Tenere premuto per 30 secondi

Allenamento

1. **Pull-up a presa larga:**

   Posizionare le mani rivolte in avanti e afferrare una barra di trazione leggermente più larga delle spalle. Premere il nucleo e tornare indietro per aiutarvi a sollevare. Cercate di non usare le spalle o le braccia.

2. **Piegati sulle file:**

   Posizionare i piedi alla larghezza dell'anca piegando leggermente le ginocchia. Con i pesi in ogni mano, piegarsi in avanti ai fianchi e non alla vita. Tenete il vostro nucleo agganciato e le braccia appese, e i gomiti infilati nei fianchi. Con i palmi delle mani rivolti l'uno verso l'altro, stringete le scapole e portate i gomiti ben saldi contro di voi mentre portate i pesi fino alle ascelle. Immaginate di rompere un uovo con le scapole quando i gomiti sono alzati. Tenere premuto per un conteggio e poi rilasciare. Fare tre serie di 8-12 ripetizioni.

3. **Bent Over Bicep Curls:**

   Cominciate facendo una fila piegata e, quando vi liberate per tornare alla posizione di partenza, rivolgete i palmi delle mani verso il petto e arricciate i pesi al petto. Inserite il bicipite all'altezza del cerchio. Non oscillate le braccia per fare questo esercizio, usate solo i muscoli. Abbassare la quantità di peso se necessario. Fare tre serie di 8-12 ripetizioni.

4. **Rear Delt Flies:**

   Iniziate mettendo i piedi circa alla larghezza dell'anca e piegatevi leggermente in corrispondenza dei fianchi, mentre stringete il torace. Avere le braccia che tengono i pesi leggermente davanti alle ginocchia. Mentre vi piegate leggermente, aprite le braccia ai lati il più in alto possibile, stringendo le scapole. Non oscillare le braccia, usare la schiena e il nucleo per sollevare. Rilasciate lentamente le braccia e non smettete di impegnare gli addominali. Fare tre serie di 8-12 ripetizioni.

5. **Crunch Di Base:**

   Iniziate stendendovi sulla schiena con i piedi per terra e le ginocchia leggermente piegate. Premete leggermente le dita alla base del cranio per sostenere la testa. Impegnare il nucleo per sollevare il più possibile la parte superiore del corpo e non smettere mai di stringere il nucleo. Passare al prossimo esercizio dopo aver "scricchiolato" per 15 secondi.

6. **Bicycle Crunches:**

   Rimanete in posizione di scricchiolio con la schiena sul pavimento. Allungate i piedi appena sopra il pavimento, prima di portare una delle ginocchia verso il corpo e sollevate leggermente il corpo per toccarlo con il gomito opposto. Mantenete il vostro nucleo impegnato mentre spingete il piede all'indietro e portate l'altro ginocchio verso l'alto per toccarlo con l'altro gomito. Mantenere la parte superiore del corpo sollevata e torcere il gomito per fargli incontrare il ginocchio opposto. Ripetere per 15 secondi.

7. **Nuotatore:**

   Stendetevi a pancia in giù con le braccia e le gambe distese. Sollevare le braccia e le gambe mentre si impegna il nucleo. Abbassate la gamba sinistra e il braccio destro, poi sollevateli di nuovo, mentre abbassate la gamba destra e il braccio sinistro. I lati alternati come se stessi nuotando. Non far cadere completamente le braccia o le gambe. Ripetere per 60 secondi.

8. **Plank:**

   Mettetevi in posizione di spinta con le mani e i piedi distanti tra loro per la lunghczza dcllc spalle. Con i polsi direttamente sotto le spalle, impegnare il core e tenere premuto per 30 secondi.

Capitolo 3: Muscoli Posteriori della Coscia, Quadricipiti e Polpacci

Riscaldamento

1. **Altalene delle gambe:**
   Iniziate stando in piedi in posizione eretta. Prendete una gamba e fatela oscillare avanti e indietro. Mantenete il vostro nucleo impegnato mentre mantenete una gamba dritta senza muovere la parte superiore del corpo. Ripetere 20 volte con ogni gamba. Dopo aver completato entrambe le gambe, passare a un movimento laterale con la gamba opposta davanti alla gamba ferma. Ripetere per 20 secondi su ogni gamba.

2. **Frankenstein Camminata:**
   Prendete a calci una gamba dritta davanti a voi e allungate il braccio opposto per toccarvi lo stinco mentre camminate lentamente in avanti. Ripetere 20 rep. Totale.

3. **Quad Walk:**
   Stare in piedi su una gamba sola mentre si tira la gamba opposta per incontrare le natiche e distendersi il più possibile. Alternare ogni gamba 20 volte

Allenamento

1. **Squat con manubri:**

   I piedi devono essere distanziati nella larghezza delle spalle con le dita dei piedi leggermente rivolte verso l'esterno. Tenete il manubrio in alto come una tazza e lasciate che la

parte inferiore del peso penzoli. Tenete il manubrio in alto come una tazza e lasciate che la parte inferiore del peso penzoli. Una volta che le cosce sono parallele, spremere i glutei, e le gambe come si solleva.
Ripetere per 45 secondi.

2. **Squat Con Manubri:**

   Mettetevi in piedi con i piedi a circa due lunghezze di pugno l'una dall'altra, tenendo i manubri ai lati. Punta le dita dei piedi leggermente verso l'esterno. Non sollevare i pesi con le braccia. Muovetevi in una bassa tozza mantenendo la schiena dritta, spostando il peso dalle dita dei piedi ai talloni. Tenete il petto in alto il più possibile. Sollevate la schiena usando solo le gambe e riportate il peso alle dita dei piedi con il petto leggermente gonfio mentre vi appoggiate all'indietro. Ripetere per 45 secondi.

3. **Affondo:**

   Appoggiate uno sgabello contro un muro e mettete le gambe a circa la larghezza dei fianchi, tenendo le braccia ai lati che tengono i pesi. Fate un passo avanti con un piede sul poggiapiedi, facendo in modo che la coscia e il polpaccio siano ad un angolo di 90 gradi. Assicuratevi che il ginocchio non vada oltre la caviglia. Quando si scende in posizione di affondo, il ginocchio posteriore dovrebbe abbassarsi leggermente. Spingere indietro nella posizione di partenza. Ripetere 6-12 volte, quindi ripetere sulla gamba opposta.

4. **Squat A Parete:**

   Tenete una palla medica contro un muro con la parte bassa della schiena, con i pesi in mano. Mettetevi in piedi con i piedi a circa un passo dall'esterno e a distanza di un'anca, assicuratevi che le dita dei piedi siano davanti alle ginocchia. Con i pesi appesi ai lati, rotolate lungo il muro fino a quando le gambe non fanno un angolo di 90 gradi. Spremere le gambe e i glutei per rialzare il corpo, mantenendo le ginocchia leggermente piegate. Ripetere per 45 secondi.

5. **Stacchi:**

   Iniziate con i piedi leggermente più larghi dei fianchi e tenete un bilanciere senza pesi sulla parte superiore delle cosce (potete sempre aggiungere peso in seguito) con le mani solo sulla parte esterna dei fianchi. Bloccate le gambe e abbassate ***lentamente*** il bilanciere verso i piedi, mantenendo la schiena dritta. Ricordatevi di mantenere il vostro nucleo flessuoso, perché questo protegge la vostra schiena. Tenere il bilanciere vicino alle gambe durante la discesa. Sollevare con la schiena dritta e far prendere al bilanciere il sentiero esatto che scende. Ripetete tutte le volte che potete in forma perfetta.

6. **Squat and Hold:**

   Appoggiate la schiena contro un muro con i piedi all'incirca alla larghezza dei fianchi e un passo avanti a voi. Mettete le ginocchia sopra le caviglie mentre scendete in una tozza. Assicuratevi che le ginocchia siano leggermente dietro le dita dei piedi. Tenere in forma per 60 secondi.

Capitolo 4: Cardio HIIT

Riscaldamento

1. **Rotoli di spalla e testa:**

   Assumere la posizione di partenza stando in piedi a testa alta con la schiena dritta. Sollevare le spalle e rotolare in avanti per fare un cerchio. Questo è un rotolo di spalla. Per far rotolare la testa, inclinare delicatamente la testa e il collo in avanti, quindi ruotare delicatamente di 360 gradi senza forzare il collo. Fare 15 ripetizioni di ciascuno.

2. **Torsione Superiore Del Corpo:**

   Stare in piedi con i piedi su entrambi i lati del corpo, leggermente più larghi dei fianchi. Alzate entrambe le mani, livellate il petto, poi fate pugni sciolti e ruotate il busto e i fianchi a sinistra insieme alle mani. Mettere in pausa e tenere premuto per tre secondi. Quindi tornare all'inizio. Ruotare a sinistra, poi ripetere otto volte.

3. **Cerchi Dell'Anca:**

   Iniziate in posizione eretta i piedi devono essere all'incirca alla larghezza delle spalle - e appoggiate le mani sui fianchi. Spingere i fianchi verso la parte anteriore e poi ruotare lentamente in senso orario. Eseguire 5-10 rotazioni quindi cambiare la direzione.

4. **Cerchi al ginocchio:**

   Posizionare i piedi alla larghezza delle spalle e piegare leggermente in avanti le ginocchia. Mettete le mani sulle ginocchia e mentre tenete i piedi sul pavimento, ruotate le ginocchia in senso orario. Mantenere i movimenti dell'anca al minimo. Fate 5-10 ripetizioni in una direzione e poi cambiate.

5. **Cerchi Del Braccio:**

   Allungate le braccia verso i lati con le spalle in basso. Ruotare le braccia in avanti in piccoli cerchi per cinque ripetizioni. Invertire la direzione per cinque ripetizioni. Ripetere l'intero processo in grandi cerchi.

6. **Sollevamento Del Ginocchio:**

   Sollevare un ginocchio il più vicino possibile al petto e tenere con le mani. Mantenere questa posizione per tre secondi. Abbassare il piede. Ripetere con il ginocchio opposto. Fare 10 ripetizioni.

Allenamento

1. **Squat di salto a 180 gradi:**

   Iniziate con le gambe leggermente più larghe dei fianchi e le dita dei piedi rivolte verso l'esterno. Iniziare in una posizione squat bassa, poi saltare su e girare di 180 gradi, poi atterrare dolcemente indietro in una posizione squat. Invertire la direzione ogni volta. Ripetere per 45 secondi.

2. **Ginocchia Alte:**

   Impegnatevi con gli addominali mentre correte velocemente, sollevando le ginocchia più in alto possibile. Ripetere per 45 secondi.

3. **Pazzo Jumping Jacks:**

   Stringete il vostro nucleo e stendete le braccia ai lati, facendo 90 angoli, con le dita rivolte verso l'alto. Sollevare il ginocchio sinistro verso l'esterno di lato e verso l'alto, quindi abbassare il gomito sinistro per toccare il ginocchio sinistro. Lasciare cadere contemporaneamente il ginocchio sinistro mentre si ripete il movimento dall'altro lato. Ripetere per 45 secondi.

4. **Pick-Up incrociati:**

   Iniziate con i piedi distanziati in larghezza delle spalle, saltate giù in posizione accovacciata. Appoggiando leggermente il vostro nucleo, toccate il pavimento con la mano destra. Saltate in aria e incrociate le gambe, poi atterrate di nuovo in posizione accovacciata. Toccate il pavimento con la mano sinistra. Ripetere per 45 secondi.

5. **Calci nel sedere:**

   Tenere i piedi a larghezza di spalla. Calciate rapidamente il tallone sinistro verso i glutei. Quando si abbassa il piede sinistro, calciare indietro la gamba destra allo stesso tempo. Ripetere per 45 secondi.

6. **Star Jumps:**

   Iniziate mettendo i piedi all'incirca a distanza di larghezza delle spalle e mantenendo entrambe le braccia vicine al corpo. Accovacciatevi a metà strada e raggiungete le dita del piede destro con la mano sinistra. Salta rapidamente in alto e allarga le braccia e le gambe come una stella marina. Atterrare dolcemente in posizione di mezzo quat, toccando con la mano destra le dita del piede sinistro. Ripetere per 45 secondi.

7. **Plank Jacks:**

   Iniziate in posizione di tavola con i polsi sotto le spalle e tenete i piedi uniti. Innestare il nucleo mentre si saltano i piedi in fuori e poi saltare di nuovo nella posizione di partenza. Tenete la schiena dritta e la parte superiore del corpo immobile. Ripetere per 45 secondi.

8. **Punzone incrociato:**

   Iniziate in una posizione accovacciata a metà con i piedi distanziati alla larghezza delle spalle. Tenete le spalle rilassate e il cuore impegnato; fate pugni, poi date un pugno a sinistra con la mano destra. Ripetere l'operazione perforando a destra con la mano sinistra. Ripetere per 45 secondi.

Capitolo 5: Addominali

Riscaldamento

1. **Bear Crawl:**

   Iniziate a quattro zampe con entrambe le mani direttamente sotto le spalle e le ginocchia direttamente sotto i fianchi. Con le dita dei piedi, afferrate il pavimento e sollevate le ginocchia di un paio di centimetri dal pavimento. Avanzare muovendo contemporaneamente la gamba sinistra e la mano destra allo stesso tempo, poi la gamba destra e la mano sinistra. Strisciare in avanti in questo modo 10 metri, e poi indietro 10 metri

2. **Spiderman Planks:**

   Iniziate nella posizione del plank con le mani sotto le spalle. Portare il piede destro in alto e piantarlo fuori dalla mano destra. Tenere premuto per 15 secondi, mantenendo la schiena dritta e il ginocchio anteriore direttamente sopra la caviglia. Dopodiché, mantenete l'equilibrio con il braccio sinistro, sollevate la mano destra fino al soffitto, seguendo il vostro sguardo. Mantenere la posizione per 15 secondi, quindi tornare alla posizione di partenza. Ripetere entrambi questi tratti su entrambi i lati del vostro corpo.

3. **Body Saw:**

   Mettetevi in posizione di tavola con i piedi alla larghezza dei fianchi, poi lasciate cadere i gomiti, in modo che si trovino direttamente sotto le spalle. Mantenere il corpo e la schiena dritti mentre si dondola avanti e indietro, mantenendo un nucleo stretto. Fare 10 ripetizioni.

4. **Plank:**
   Mettetevi in posizione tradizionale e mantenete la posizione per 10 secondi. Fate 3 ripetizioni di 10.

Allenamento

1. **Diamante sulla schiena:**

   Stendetevi a faccia in giù sul pavimento con i glutei schiacciati in modo che le gambe si sollevino dal pavimento. Impegnate il vostro nucleo e sollevate completamente il petto dal pavimento con le braccia direttamente davanti a voi, tirate un gomito nella schiena, poi alternate le braccia mentre tenete il petto e le gambe sollevate. Ripetere per 60 secondi.

2. **Applausi a forbice:**

   Stendersi sulla schiena mentre si impegna il nucleo e sollevare le scapole dal pavimento. Sollevate la gamba destra, tenetela dritta mentre battete le mani dietro il ginocchio. Mantenere la schiena dritta, e il nucleo stretto insieme alle scapole sollevate mentre si ripete dall'altro lato. Ripetere per 60 secondi.

3. **Sollevamento Del Ginocchio in Plank Laterale Bassa:**

   Iniziate a mettervi in una posizione laterale con l'avambraccio sul fianco, il gomito direttamente sotto la spalla e le gambe distese e diritte. Mettete i piedi uno sopra l'altro. Volete fare una linea retta con il vostro corpo. Sollevare il gomito superiore in aria, quindi posizionare la mano all'altezza del petto con il palmo della mano rivolto verso le dita dei piedi. Sollevare il ginocchio superiore per battere il palmo della mano, quindi abbassare la schiena. Ripetere per 60 secondi - 30 secondi su ciascun lato.

4. **Sprint Addominale:**

   Sedetevi sul fondo con la schiena dritta e una delle gambe distese in aria. L'altra gamba viene avvicinata al corpo, quindi il ginocchio è vicino al busto. Alternate le gambe mentre pompate le braccia come se steste correndo. Ripetere per 60 secondi.

5. **Tambureggiare in V:**

   Iniziate di nuovo dal basso con le gambe sollevate in modo diritto con un angolo di 30-45 gradi. Tenete il busto sollevato e la schiena dritta come se steste facendo una "V" con il vostro corpo. Impegnare il vostro nucleo, fare pugni, poi battere leggermente sull'addome come se fosse un tamburo, alternando le mani. Ripetere per 60 secondi.

6. **Piking:**

   Iniziate in posizione alta con i piedi leggermente distanziati. Saltate con i piedi verso le mani e con la schiena dritta, il nucleo stretto, e il sedere tirato verso il soffitto. Tenere premuto per un conteggio, quindi tornare nella posizione del plank per un conteggio. Ripetere per sessanta secondi.

7. **Plank alternati:**

   Iniziate in posizione alta, poi stendete il braccio sinistro davanti a voi e la gamba destra dietro di voi, leggermente più in alto della colonna vertebrale. Tenere premuto per un conteggio e poi scambiare il braccio e la gamba. Ripetere per 60 secondi.

Capitolo 6: Obliqui

Riscaldamento

1. **Bear Crawl:**

   Iniziate a quattro zampe con entrambe le mani direttamente sotto le spalle e le ginocchia direttamente sotto i fianchi. Con le dita dei piedi, afferrate il pavimento e sollevate le ginocchia di un paio di centimetri dal pavimento. Avanzare muovendo contemporaneamente la gamba sinistra e la mano destra allo stesso tempo, poi la gamba destra e la mano sinistra. Strisciare in avanti in questo modo 10 metri, e poi indietro 10 metri

2. **Spiderman Planks:**

   Iniziate nella posizione del plank con le mani sotto le spalle. Portare il piede destro in alto e piantarlo fuori dalla mano destra. Tenere premuto per 15 secondi, mantenendo la schiena dritta e il ginocchio anteriore direttamente sopra la caviglia. Dopodiché, mantenete l'equilibrio con il braccio sinistro, sollevate la mano destra fino al soffitto, seguendo il vostro sguardo. Mantenere la posizione per 15 secondi, quindi tornare alla posizione di partenza. Ripetere entrambi questi tratti su entrambi i lati del vostro corpo.

3. **Body Saw:**

   Mettetevi in posizione di tavola con i piedi alla larghezza dei fianchi, poi lasciate cadere i gomiti, in modo che si trovino direttamente sotto le spalle. Mantenere il corpo e la schiena dritta mentre si dondola avanti e indietro, mantenendo una stretta per. Fare 10 ripetizioni.

4. **Plank:**

   Mettetevi in posizione tradizionale e mantenete la posizione per 10 secondi. Fate 3 ripetizioni di 10.

Allenamento

1. **Taglialegna:**

   Stare in piedi con i piedi alla larghezza dell'anca e tenere un manubrio sul fianco con entrambe le mani in diagonale sopra la spalla destra, appoggiando il peso sul piede destro. Torsione verso l'anca destra come si effettua un movimento tagliere giù oltre l'anca sinistra. Ritornare alla vostra posizione di partenza. Fatelo per 20 ripetizioni su ciascun lato del vostro corpo.

2. **Russian Twist:**

   Sedetevi in alto sul sedere con i piedi piatti per terra e le ginocchia piegate. Piegatevi leggermente all'indietro mentre tenete la schiena dritta. Usando un manubrio, tenerlo sulla parte esterna del peso, incrociare le caviglie, quindi sollevare i piedi da terra. Ruotare continuamente da sinistra a destra toccando il peso a terra mentre si gira da un lato all'altro. Ripetere per 45 secondi.

3. **Sollevatori laterali in Plank:**

   Assumere una posizione del plank laterale. Mettere la mano libera sul fianco. Sollevare la parte inferiore del corpo per fare una linea retta. Abbassare l'anca sul pavimento e sollevarlo immediatamente per un conteggio. Ripetere per 20 secondi su ciascun lato.

4. **Bicycle Crunches:**

   Assumere la posizione crunch con la schiena sul pavimento. Allungare entrambi i piedi appena sopra il pavimento, prima di portare una delle ginocchia verso il corpo e sollevare leggermente il corpo per toccarlo con il gomito opposto. Mantenete il vostro core impegnato mentre spingete il piede all'indietro e portate l'altro ginocchio verso l'alto per toccarlo con l'altro gomito. Mantenere una parte superiore del corpo sollevata e torcere per il gomito per incontrare il gomito opposto. Ripetere per 15 secondi.

Capitolo 7: Esterno e Interno Cosce

Riscaldamento

1. **Altalene delle gambe:**
   Iniziate stando in piedi in posizione eretta. Prendete una gamba e fatela oscillare avanti e indietro. Mantenete il vostro nucleo impegnato mentre mantenete una gamba dritta senza muovere la parte superiore del corpo. Ripetere 20 volte con ogni gamba. Dopo aver completato entrambe le gambe, passare a un movimento laterale con la gamba opposta davanti alla gamba ferma. Ripetere per 20 secondi su ogni gamba.

2. **Frankenstein Camminata:**
   Prendete a calci una gamba dritta davanti a voi e allungate il braccio opposto per toccarvi lo stinco mentre camminate lentamente in avanti. Ripetere 20 rep. Totale.

3. **Quad Walk:**
   Stare in piedi su una gamba sola mentre si tira la gamba opposta per incontrare le natiche e distendersi il più possibile. Alternare ogni gamba 20 volte

Allenamento

1. **Bruciature alla coscia con salti di gambe larghe:**
   Mettere i piedi in una posizione ampia e squat. Portare le mani al livello del cuore e premere i palmi delle mani insieme. I fianchi dovrebbero essere in linea con le spalle. Coinvolgere il core poi saltare e atterrare in uno squat;

assicurarsi che le ginocchia sono sopra le caviglie. Ripetere per 45 secondi.

2. **Squat con manubri:**
   Mettere i piedi più larghi dei fianchi. Tenere un manubrio in ogni mano alla larghezza delle spalle con le mani l'una di fronte all'altra. Le braccia dovrebbero essere appese direttamente sotto ogni spalla. Coinvolgere il vostro core per aiutarvi a mantenere la schiena dritta e protetta. Accovacciarsi in basso mentre le ginocchia rimangono sopra le caviglie. Ritornare alla posizione di partenza. Fate tre ripetizioni per 30 secondi ciascuna.

3. **Plank Lifts:**
   Mettetevi in posizione alta e sollevate una gamba parallela al suolo e tenetela per 45 secondi. Completate due ripetizioni su entrambi i lati.

4. **Fare Un Passo Squat:**
   Iniziate con i piedi alla larghezza dell'anca. Abbassatevi in un mezzo squat, poi fate un passo più a sinistra con il piede sinistro, poi portate il piede destro per rimettervi nella posizione di partenza. Ripetere per 30 secondi su ciascun lato.

5. **Sollevamenti Esterni Della Gamba:**
   Stendetevi sul lato destro con la mano destra che sostiene la testa. Tienete i fianchi impilati uno sopra l'altro. Sollevare la gamba superiore e pomparla di circa 10 pollici. Non lasciare cadere o piegare la gamba. Cambiare lato. Fate tre ripetizioni per 30 secondi.

Capitolo 8: Sedere

Riscaldamento

Riferimento Capitolo Tre

Allenamento

1. **Squat Pumps:**

   Stare in una posizione tozza, quindi cadere in uno squat basso. Iniziate a pompare il vostro sedere su e giù per 45 secondi

2. **Affondo:**

   Mettete le mani sui fianchi mentre state in piedi dritti. Fate un passo avanti con un piede di circa tre piedi, lasciate cadere entrambe le ginocchia e piegatele a 90 gradi mantenendo le spalle in linea con i fianchi. Ripetere per 30 secondi su ciascun lato.

3. **Squat:**

   Iniziate con un'ampia posizione squat e poi scendete in una posizione squat bassa. Stringete i glutei mentre salite. Ripetere per 45 secondi.

4. **Plank kick:**

   Mettetevi in posizione orizzontale con le ginocchia abbassate verso il pavimento. Sollevate una gamba e pompatela il più in alto possibile. Ripetere su ciascun lato per 45 secondi.

Capitolo 9: Schiena

Riscaldamento

Riferimento Capitolo 2.

Allenamento

1. **Spinta Elevata:**

   Mettete le mani a terra con entrambi i piedi sollevati su una panca o un divano. Guardando giù e tenendo la schiena dritta, fate una spinta. Fare tre ripetizioni di 20 secondi ciascuna.

2. **Nuotatore:**

   Stendetevi a pancia in giù con le mani e i piedi distesi. Innestare il nucleo, quindi sollevare un braccio insieme alla gamba opposta. Scendere e alternarsi continuamente per 45 secondi.

3. **Crunches inversi:**

   Stendetevi sul pavimento a pancia in giù, mettete le mani alla base del cranio e impegnate i muscoli della schiena. Sollevare il petto dal pavimento, quindi abbassare la schiena per un conteggio. Ripetere per 45 secondi.

4. **Rear Delt Flies:**

   Iniziate mettendo i piedi circa alla larghezza dell'anca e piegatevi leggermente in corrispondenza dei fianchi, mentre stringete il torace. Avere le braccia che tengono i pesi leggermente davanti alle ginocchia. Mentre vi piegate leggermente, aprite le braccia ai lati il più in alto possibile, stringendo le scapole. Non oscillare le braccia, usare la schiena e il nucleo per sollevare. Rilasciate lentamente le braccia e non smettete di impegnare gli addominali. Fare tre serie di 8-12 ripetizioni.

Capitolo 10: Nutrizione e Fitness Vanno di Pari Passo

Vi siete mai chiesti perché l'allenamento costante non sembra mai darvi i risultati che desiderate? Molto probabilmente è a causa della vostra dieta. Incorporare la migliore dieta nella vostra vita incoraggia la riduzione del grasso corporeo, l'aumento dell'energia, la perdita di peso extra e la protezione contro le malattie. Gli alimenti densi di nutrienti sono l'aspetto più importante del fitness. Gli studi hanno dimostrato che non mangiare prima di allenarsi aiuta a bruciare il 20% di grassi in più rispetto a quando si mangiava prima. Mangiare pasti ricchi di proteine dopo un allenamento è fondamentale per il processo di riparazione e costruzione della muscolatura.

Perdere peso è solo il 20% di esercizio, l'altro 80% è a dieta. Ciò che mangiate conta in termini di peso. Ridurre l'assunzione di zucchero riducendo il consumo di soda e di dolciumi elaborati. Bere molta acqua prima, durante e dopo l'allenamento. Quando avete voglia di qualcosa di dolce, optate per un pezzo di frutta. Invece di mangiare tre grandi pasti al giorno, passare a 6 o 7 piccoli pasti. Per aumentare il vostro metabolismo, è meglio allenarsi subito dopo il risveglio, in più comincerete ad avere più energia durante il giorno. Mangiate sempre colazione - ***sempre***. Questo vi dà il carburante necessario per iniziare la giornata e vi mantiene in forma. Incorporare i carboidrati complessi insieme alle proteine come prima cosa al mattino, questo aiuterà a regolare la glicemia e vi darà carburante per ore senza incidenti.

Se si cerca di costruire la muscolatura, è necessario mangiare prima e dopo l'allenamento. Mangiare carboidrati con un po' di proteine, e poi dopo l'allenamento andare proteina pazzo. Per ogni chilo che pesate, è necessario consumare 0,7 grammi di proteine ogni giorno. Le proteine sono il nutriente più facilmente disponibile sul pianeta e ci sono innumerevoli fonti diverse dalla carne e dai latticini: noci, burro di noci, fagioli, legumi, cereali integrali, latte di noci, yogurt, soia, quinoa, la maggior parte delle verdure. Dovrete anche limitare l'assunzione di grassi saturi e trans, come le caramelle e i cibi fritti.

Mangiare sano e mangiare spesso. Bevi molta acqua. La ragione per cui i carboidrati complessi sono una grande combinazione è che i carboidrati danno al corpo energia e le proteine aiutano a costruire muscoli, pelle e capelli. Entrambi sono necessari per un metabolismo più veloce e per costruire la muscolatura. Quando si desidera perdere peso e aumentare la massa muscolare, e/o dimagrire: l'abbinamento del perfetto equilibrio nutrizionale con il cardio, l'allenamento del peso e i giorni di riposo vi aiuterà a raggiungere il corpo perfetto che avete sempre sognato.

Capitolo 11: I migliori SETTE Deliziosi Piatti a base di Piante CONFEZIONATE con Proteine

1. Colazione Banana Shake

Ingredienti:

- Banana (1, congelata e affettata)
- Latte di soia (240 ml, non zuccherato)
- Semi Di Canapa (30 gr)
- Semi di Chis (15 gr)
- Polvere Di Maca (10 gr)
- Proteine in polvere(10 gr, preferibilmente vegane)
- Burro Di Arachidi (30 ml)

Preparazione:

- Mettere tutti gli ingredienti in un frullatore e frullare in alto fino a quando la consistenza è completamente liscia.

2. Tofu Strapazzato

Ingredienti:

- Olio d'oliva (10 ml, extra vergine)
- Cipolla (12 gr, tritata)
- Peperoni (250 gr, rosso e verde)
- Spinaci (240 gr)
- Tofu (370 gr)
- Pizzico di sale
- Pizzico di pepe

Preparazione:

- Scaldare l'olio d'oliva in una padella fino a caldo. Aggiungere cipolle e peperoni. Soffriggere fino a quando morbido e marrone. Aggiungere tofu, spinaci, sale e pepe. Soffriggere per un po' più a lungo a fuoco medio. Divertitevi!

3. Insalata di Ceci e Peperoni Rossi

Ingredienti:

- ceci (2 lattine da 430 gr, senza aggiunta di sale, scolati e sciacquati)
- Peperoni (3 rossi, finemente tagliati a dadini)
- Coriandolo (manciata, tritato)
- Prezzemolo (6 gr, tritato)
- Aglio (3 teste, tritato)
- Olio d'oliva (10 ml, extra vergine)
- Succo Di Limone (30 ml)
- Pizzico di sale
- Pizzico di pepe
- Pitas Integrale

Preparazione:

- Gettare tutti gli ingredienti in una grande ciotola e conservare in frigorifero per almeno due ore, lasciando che tutti i sapori si uniscano. Dopo che la miscela è stata raffreddata, metterne un cucchiaio in una pita.

4. Ciotola Di Quinoa Del Sud-Ovest

Ingredienti:

- Quinoa(60 gr, preparato)
- fagioli neri(120 gr preparati)
- tofu fermo extra (170 gr)
- spinaci o cavoli (60 gr)
- peperone(120 gr, tritato)
- pomodoro (1 piccolo, tagliato a dadini)
- coriandolo con cipolle verdi(4 gr, tritato)
- Succo di Lime
- Pizzico di sale
- Pizzico di pepe

Preparazione:

- Aggiungere i fagioli e la quinoa, insieme alle verdure in una ciotola. Mescolare con sale, pepe e succo di lime.

5. Panino con Burro di Mandorle e Banana

Ingredienti:

- Banana (1 molto matura, affettata)
- Burro di mandorle (30 ml)
- semi di chia (10 gr)
- pane integrale (2 fette)

Preparazione:

- Spalmare il burro di mandorle sul pane. Aggiungere i semi di banana e chia.

Quesadillas al Burro di Mandorle e Melograno

Ingredienti:

- Semi Di Melograno(80 gr)
- Banana (1 grande, affettata)
- Burro di mandorle (30 ml)
- Tortillas di grano intero (2 grandi)
- Cannella(2 gr)

Preparazione:

- Preriscaldare una padella grande a fuoco medio-alto. Condire con olio di cocco.
- Preparare le quesadillas, distribuire 3 cucchiai di burro di mandorle su ogni tortilla. Lasciare 1 pollice dal bordo.
- Un guscio di Tortilla avrà la banana a fette, i semi di melograno e la cannella.
- Piegare a metà.
- Cuocere in padella per circa 3 minuti, o fino a quando ogni lato è marrone.

7. Enchiladas Di Fagioli Neri

Ingredienti:

- Tortillas(10-12)
- Cumino (6 gr)
- Coriandolo (8 gr, tritato)
- Cipolle verdi (4-5, affettate)
- Mais (370 gr, congelato o fresco)
- Fagioli neri (1 barattolo da 430 gr, sciacquati e scolati)
- Avocado (2 piccoli o medi)
- Quinoa (60 gr, crudo)

Per la salsa:

- Brodo vegetale (720 ml)
- Peperoncino In Polvere (0.78 gr)
- Cipolla in polvere (0.60 gr)
- Aglio in polvere (0.60 gr)
- Paprica (1.25 gr)
- Cumino (15 gr)
- Olio d'oliva (30 ml)
- Farina per tutti gli usi (30 gr)
- Concentrato Di Pomodoro (70 gr)

Preparazione:

- Risciacquare, quindi cuocere qionoa secondo le indicazioni sulla confezione; utilizzando 1 tazza di acqua.
- Preparare la salsa enchilada: unire farina e spezie. Quindi scaldare l'olio d'oliva a fuoco medio in una padella.
- Una volta riscaldato, aggiungere il concentrato di pomodoro e la combinazione di farina e spezie.

- Cuocere per 1 minuto mentre sbattere. Quindi aggiungere il brodo, quindi far bollire. Ridurre il calore a un sobbollire. Continua a sbattere per un altro minuto o due.
- Tritare l'avocado e le cipolle verdi.
- In una ciotola, unire i fagioli, le cipolle, il mais, il cumino. Gettare la quinoa cotta, mescolare. Quindi aggiungere l'avocado.
- Preriscaldare il forno a 180° C. Rivestire leggermente una teglia, rivestire il fondo con una piccola quantità di salsa.
- Distribuire la miscela di fagioli al centro di ogni tortilla. Arrotolarli poi posizionare il lato cucitura verso il basso nel piatto.
- Versare il resto della salsa sopra le enchiladas.
- Cuocere per 25 minuti

Conclusione

Grazie per essere arrivati fino alla fine di *Nutrizione Fitness*, speriamo che sia stato informativo e in grado di fornirvi tutti gli strumenti necessari per raggiungere i vostri obiettivi, qualunque essi siano.

Il prossimo passo è iniziare a lavorare!

L'Allenamento a Corpo Libero In italiano/ Bodyweight Training In Italian:

Come Usare la Ginnastica Calistenica per Diventare Più Forti e Più in Forma

Introduzione

Congratulazioni per l'acquisto di questo libro e grazie per averlo fatto.

Cosa vi ha trattenuto dal raggiungere i vostri obiettivi di fitness? È la complicazione delle varie attrezzature da palestra? Perché l'iscrizione in palestra vi costa più di quanto dovreste spendere (soprattutto se avete poco tempo per andare in palestra)? Oppure è la mancanza di una guida adeguata che vi assicura di essere sulla strada giusta e di lavorare i muscoli come dovreste?

Qualunque sia il motivo, ora c'è una risposta e un modo per raggiungere il fisico che aspirate a costruire - attraverso esercizi di allenamento con i pesi corporei.

L'allenamento con i pesi corporei è esattamente questo: *usare il proprio corpo per allenarsi e diventare più in forma.* Sì, perché la messa in forma non deve comportare molti macchinari complicati o costi eccessivi. Perché, quando il vostro corpo è una macchina potente da sola, che aspetta solo di essere utilizzata al massimo? Non avete bisogno di varie attrezzature per ottenere i risultati che volete, tutto quello che dovete fare è allenarvi nel modo giusto e questo libro - proprio qui - è il punto in cui iniziate a fare questi cambiamenti.

Nei capitoli seguenti, inizierete a scoprire come aumentare efficacemente la vostra forza totale del corpo senza dover ricorrere a pesi gratuiti, macchine per il fitness o addirittura all'iscrizione in palestra. Proprio così, tutto ciò di cui avrete bisogno è la forza del vostro corpo, la determinazione ad attenervi a questi esercizi di allenamento con i pesi corporei e seguire questa guida completa e facile da seguire per gli allenamenti con i pesi corporei più efficaci che faranno la differenza. →

Gli esercizi di allenamento con i pesi corporei sono *la cosa migliore* per il vostro corpo, perché è qualcosa che tutti, a tutti i livelli di fitness, possono fare. Questo perché uno dei vantaggi significativi di questi esercizi è che possono essere adattati e modificati al vostro corpo e al vostro livello di fitness, semplici ma allo stesso tempo impegnativi.

Ci sono molti libri su questo argomento sul mercato, grazie ancora per aver scelto questo! Ogni sforzo è stato fatto per fornirvi quante più informazioni utili possibili, buon lettura!

Capitolo 1: Perché l'Allenamento a Corpo Libero Dà la Spinta

Vi siete mai allenati con il peso corporeo? Se non lo avete fatto, allora è ora che cominciate.

Perché?

Perché l'allenamento a corpo libero vi darà *calci nel sedere.* In un buon modo, ovviamente.

Contrariamente a quanto si crede, non c'è bisogno di colpire duramente la palestra, sette giorni su sette per un'ora o più alla volta, per vedere risultati visibili. Non c'è bisogno di spingersi fino allo sfinimento, cercando di utilizzare tutte quelle macchine, manubri e palline per vedere una reale differenza.

Non quando tutto ciò di cui avete bisogno è la forza e il potere del vostro corpo. L'allenamento con i pesi corporei è un elemento chiave della costruzione del fitness che molto spesso è sottoutilizzato perché non sembra essere abbastanza efficace per ottenere i risultati desiderati. Ma è qui che si sbaglia, perché gli esercizi di allenamento con i pesi corporei sono efficaci. *Super efficace.*

Se avete bisogno di qualcosa di più convincente sul perché dovreste iniziare a sfruttare la potenza dell'allenamento con i pesi corporei, ecco un elenco di ciò che questa forma di allenamento e di esercizio può fare per voi:

- **Cardio e Core All-In-One** - Se siete a corto di tempo (come molti di noi spesso fanno), allora gli esercizi per il peso corporeo saranno i migliori allenamenti da spremere in una sessione che brucia le calorie, ma che comunque dà un pugno potente. Alcuni esercizi di allenamento con i pesi corporei combinano sia il cardio che la forza in un unico esercizio, che mantiene il cuore che pompa, brucia il grasso mentre costruisce la forza e la definizione muscolare allo stesso tempo.

- **Transizioni facili** - Poiché l'allenamento con i pesi corporei non utilizzerà alcuna attrezzatura, sarà facile passare rapidamente da un esercizio impostato all'altro. Il tempo di riposo più breve che si ottiene tra un set e l'altro è il modo in cui si accelera la frequenza cardiaca per iniziare a bruciare alcune calorie importanti, più di quanto si farebbe di solito.

- **Maggiore flessibilità** - L'allenamento con i pesi corporei vi costringerà a utilizzare quasi tutti i muscoli del vostro corpo, a volte spingendo il vostro corpo a utilizzare l'intera gamma di movimenti in modo che le vostre articolazioni si muovano liberamente. Questo è ottimo per sciogliere tutti quei muscoli che si sono irrigiditi per mancanza di uso, e aumentare la mobilità delle articolazioni, che poi aiuta a migliorare la flessibilità generale.

- **Calci alla noia** - Fare ripetutamente gli stessi vecchi movimenti e usare la stessa attrezzatura in palestra o a casa può diventare rapidamente noioso. E la noia è l'unica cosa che si vuole evitare perché può diventare rapidamente un killer della motivazione, ed è per questo che l'allenamento con i pesi corporei è il cambiamento rinfrescante nella vostra routine di cui avete così disperatamente bisogno senza nemmeno saperlo. Con gli esercizi di calistenia, ci sono diversi modi, esercizi e manovre che si possono fare e che aggiungono varietà alla vostra routine. Non solo vi impedisce di salire di livello, ma vi dà anche un calcio nel sedere mentre spingete i vostri livelli di fitness un passo in più ogni volta.

- **È gratis** - è stato detto abbastanza. Perché pagare qualcosa in palestra che si può facilmente fare a casa gratuitamente?

- **Rischio Minimo di Lesioni** - Gli esercizi di allenamento con i pesi corporei sono generalmente sicuri per chiunque, a tutti i livelli di fitness, perché l'esecuzione di questi esercizi vi costringerà a essere consapevoli del vostro corpo e quando state spingendo troppo forte che dovete abbassarlo di una tacca. Essendo più attento e consapevole del proprio corpo, riduce al minimo le possibilità e il rischio di lesioni, invece di fare i movimenti senza pensare e concentrarsi su di esso, cosa che è probabile che succeda quando ci si affida a macchine e attrezzature.

- **Aumenta i Vostri Livelli di Forza** - Essere in forma e fisicamente forti non riguarda solo il peso dei manubri che potete sollevare, ma anche la forza dei muscoli, dei tendini e delle articolazioni. Gli esercizi di allenamento con i pesi corporei sono la soluzione perfetta per lavorare e allenare le articolazioni nel modo in cui il corpo dovrebbe lavorare. La Calistenia, per esempio, è un ottimo modo per aiutare a sviluppare la vostra forza, e poiché l'allenamento con i pesi corporei insegna a tutto il corpo ad imparare a lavorare insieme, vi rende più forti dall'interno.

Capitolo 2: Allenamenti per la Parte Superiore del Corpo

Gli esercizi per il peso corporeo sono progettati per aumentare la forza e la flessibilità, aiutandovi al tempo stesso a costruire la muscolatura e a migliorare i vostri livelli di forma fisica generale. La parte migliore di questi esercizi? Si possono fare facilmente a casa, o ovunque si abbia spazio e privacy per farlo!

Allenamento a Peso Corporeo Superiore 1 - Mountain Climbers

Questo movimento è un esercizio per tutto il corpo che fa lavorare le spalle, le braccia, le spalle e i tricipiti, aumentando la forza e la flessibilità.

Passo 1: Sdraiarsi a terra, sostenendosi sulle braccia e sulle gambe. Le gambe dovrebbero essere distese dietro di voi, le dita ben piantate a terra.

Passo 2: Iniziate piegando il ginocchio per portare il piede destro direttamente sotto il petto, mantenendo l'altra gamba distesa. Potete iniziare con il piede sinistro se preferite, o va bene.

Passo 3: con le mani ben piantate a terra (direttamente sotto le spalle), tenete stretto il core e cambiate gamba.

Passo 4: accelerate e muovete le gambe il più velocemente possibile, aggiungendo un salto tra i cambi.

Ripetere questo movimento 16 volte (2 serie da 8 ripetizioni). Man mano che diventate più forti, aumentate il numero di ripetizioni e la velocità. Per variare, invece di piegare il ginocchio direttamente sotto di voi, portandolo attraverso il vostro corpo quasi come se steste cercando di guidare quel ginocchio nel gomito del braccio opposto. Questo brucia i muscoli obliqui.

Allenamento a Peso Corporeo Superiore 2 - Il push-up Plyo

Date un calcio alla vostra normale spinta verso l'alto alzando l'intensità (notate che dovreste già essere in grado di eseguire una regolare spinta verso l'alto sulle mani e sulle dita dei piedi per poter completare questa mossa).

Passo 1: utilizzare un tappetino per esercizi per questa mossa e posizionarsi in una posizione di plank. Le braccia dovrebbero essere dritte con i palmi premuti contro il materassino, direttamente sotto le spalle mentre sostenete la parte superiore del corpo. Le vostre gambe sono distese dietro di voi, in equilibrio sulle dita dei piedi.

Passo 2: portare il corpo verso il basso verso un push-up, i gomiti piegati, il petto abbassato il più possibile a terra senza perdere la forma nel resto del corpo.

Passo 3: ora, invece di spingervi semplicemente indietro all'inizio della posizione di flessione, rendetelo esplosivo e spingete verso l'alto abbastanza forte in modo da poter sollevare leggermente entrambi i palmi da terra prima di atterrare di nuovo.

Passo 4*:* accelerate e diventate più forti nel movimento.

Ripetere questo movimento 16 volte (2 serie da 8 ripetizioni). Man mano che diventate più forti, aumentate il numero di ripetizioni e la velocità. Cercate anche di spingere più in alto con ogni mossa esplosiva. Questa mossa è intensa, quindi assicuratevi di aver padroneggiato il push-up di base prima di provare questa variazione.

Allenamento per la Parte Superiore del Corpo 3 - Burpees

Sentirete il bruciore alle braccia, al petto, ai glutei, ai glutei, ai bicipiti e agli addominali, anche il petto con questo movimento.

Passo 1: iniziate in una posizione di basso squat, mettendo i palmi delle mani davanti a voi, premuti sul pavimento o sul tappetino. Dovreste essere accovacciati con le ginocchia vicino alla mano, su entrambi i lati dei palmi.

Passo 2: riportate >i piedi indietro uno alla volta in posizione push-up.

Passo 3: saltate di nuovo nella posizione in cui eravate nel passaggio 1, alzatevi in piedi, sollevando le braccia sopra la testa.

Passo 4: ripetere il passaggio 2 tranne che questa volta, saltate entrambi i piedi insieme in un balzo senza interruzioni.

Ripetere questo movimento 16 volte (2 serie da 8 ripetizioni). Man mano che diventate più forti, aumentate il numero di ripetizioni e la velocità. Aggiungete intensità all'allenamento aggiungendo un salto invece di alzarvi in piedi.

Allenamento per la Parte Superiore del Corpo 4– Il Superman

Passo 1: iniziate sdraiati a faccia in giù su un tappetino e sullo stomaco. Il vostro viso dovrebbe guardare il tappetino per esercizi durante questo movimento. Assicuratevi che il collo rimanga in una posizione neutra durante il movimento.

Passo 2: Quindi, estendete le braccia sopra la testa, in modo che entrambe le braccia siano proprio vicino alle orecchie e sopra la testa. Le gambe dovrebbero rimanere distese dietro di voi e il collo continua a rimanere in una posizione neutra.

Passo 3: non bloccare le gambe e le braccia, mantenetele neutre insieme al collo. Ora, mantenendo il busto fermo (non muoverlo affatto), sollevate contemporaneamente le braccia e le gambe con un movimento verso l'alto, come se cercaste di piegare il corpo quasi a forma di lettera U. La schiena si inarcherà mentre cercate di sollevare le braccia e le gambe a diversi centimetri da terra.

Passo 4: mantenere questa posizione per 5 secondi prima di abbassarsi lentamente di nuovo a terra.

Ripetere questo movimento 24 volte (3 serie da 8 ripetizioni). Quando sollevate le braccia e le gambe, inspirate profondamente e poi espirate quando le calate di nuovo a terra.

Allenamento a Peso Corporeo Superiore 5- Il Tap sulla Spalla e Plank

La mossa porta il normale allenamento a corpo libero del plank su una tacca e colpisce le spalle, le braccia, i polsi e i muscoli centrali allo stesso tempo.

Passo 1: iniziate in una posizione di plank completa, i palmi premuti nel terreno e sulle dita dei piedi. Tenete l'ombelico stretto, ma non inarcate la schiena, ma tirate il vostro ombelico verso di voi, in modo che non si afflosci verso il suolo.

Passo 2: con il core saldamente tirato in dentro e in equilibrio sulle dita dei piedi, alzate la mano destra e toccate leggermente la spalla sinistra con la punta delle dita (con un movimento di tocco rapido) prima di riportarla nella posizione iniziale originale. Il resto del corpo dovrebbe rimanere stabile durante questo movimento, tenendo le gambe più larghe se è necessario mantenere l'equilibrio.

Passo 3: ripetere questo movimento con la mano sinistra. Alternare entrambe le braccia durante il movimento, mantenendo l'equilibrio in modo da non oscillare da un lato all'altro mentre picchiettate le spalle.

Ripetere questo movimento 24 volte (3 serie da 8 ripetizioni). Man mano che si diventa più forti nel movimento, avvicinare sempre più i piedi fino a quando, alla fine, si è in grado di completare questa mossa con entrambi i piedi uno accanto all'altro. Più i vostri piedi sono vicini e più difficile sarà mantenere l'equilibrio.

Allenamento della Parte Superiore del Corpo 6- Plank e jack

Questa mossa è una svolta che unisce plank e buoni jack da salto vecchio stile.

Passo 1: usate un tappetino per esercizi per questo per aiutarvi a valutare quanto in lungo e in largo dovreste saltare con i piedi. Iniziate abbassandovi in una posizione di plank. Le vostre spalle dovrebbero essere direttamente sopra i polsi per questa mossa.

Passo 2: il vostro corpo dovrebbe ora essere in linea retta, con i piedi fianco a fianco, le dita dei piedi premute nel tappetino. Ora, proprio come fareste con un jumping jack in piedi, saltate entrambi i piedi di lato e poi saltate indietro portando entrambi i piedi vicini ancora una volta.

Ripetere questo movimento 30 volte (3 serie da 10 ripetizioni). Man mano che diventate più forti nel movimento, aumentate il numero di ripetizioni e serie che eseguite. Per una maggiore intensità e per allenare i tuoi obliqui, salta entrambi i piedi (tienili uniti) sul lato sinistro del corpo, salta indietro alla posizione iniziale e poi salta entrambi i piedi sul lato destro del corpo. I vostri piedi dovrebbero rimanere uniti durante il movimento.

Allenamento del Peso Corporeo Superiore 7 - Plank di Lato

I plank sono noti per essere una di quelle mosse fantastiche che lavorano simultaneamente su due parti del corpo, il vostro core e la vostra forza della parte superiore del corpo a causa di quanto pesantemente farete affidamento su di esso per mantenervi in equilibrio durante questo movimento.

Passo 1: iniziate questa mossa sdraiandovi su un fianco sul tappeto. Il gomito destro dovrebbe essere posizionato direttamente sotto la spalla destra. Tenete il braccio sinistro sollevato sopra di voi, con le punte delle dita rivolte verso il soffitto per questa mossa.

Passo 2: coinvolgete il core tirandolo forte mentre sollevate il corpo dal tappetino premendo il gomito destro sul pavimento. Non siete in equilibrio sul gomito e sui lati dei piedi. Tenete un piede davanti all'altro se avete bisogno di aiuto per bilanciare.

Passo 3: mantenete la posizione del plank per 30 secondi o 60 secondi se potete, prima di abbassarvi e ripetere la mossa.

Passo 4: per sollevarlo di una tacca, una volta che vi trovate in una posizione di plank e in equilibrio sui gomiti e sui lati dei piedi, immergete lentamente il bacino verso il pavimento fino a quando non toccate quasi il tappetino prima di sollevarlo di nuovo posizione di partenza.

Ripetere questo movimento 12 volte su ciascun lato (2 serie di 6 ripetizioni per lato). Man mano che diventate più forti nel movimento, aumentate il numero di ripetizioni e serie che eseguite. Per una maggiore intensità e per allenare i tuoi obliqui, salta entrambi i piedi (tienili uniti) sul lato sinistro del corpo, salta indietro alla posizione iniziale e poi salta entrambi i piedi sul lato destro del corpo. I vostri piedi dovrebbero rimanere uniti durante il movimento.

Allenamento per la Parte Superiore del Corpo 8-Cerchi con le Braccia

I cerchi delle braccia sono un movimento meravigliosamente dinamico che aumenterà la mobilità in quelle articolazioni delle spalle, la parte posteriore delle braccia, i bicipiti e i tricipiti.

Passo 1: *alzatevi* in piedi, i piedi non più larghi della larghezza dei fianchi, le spalle indietro.

Passo 2: estendete le braccia, mantenendole all'altezza delle spalle e parallele al pavimento mentre iniziate a fare 20 piccoli cerchi con le braccia in avanti, muovendo entrambe le braccia simultaneamente.

Passo 3: una volta completato il movimento in avanti, ora girate le braccia all'indietro.

Se avete difficoltà a muovere entrambe le braccia insieme, alternatele una alla volta, in modo che sembri che le vostre braccia stiano facendo il mulino a vento. Avrete comunque l'intera gamma di movimenti e, man mano che vi rafforzate e la vostra mobilità migliora, provate a completare cerchi più ampi e veloci.

Allenamento della Parte Superiore del Corpo 9-Tricep Dips

Lavorate efficacemente i muscoli tricipiti, che corrono lungo la parte posteriore del braccio dal gomito alla spalla in un movimento rapido ed efficiente noto come Tricep Dip.

Passo 1: posizionatevi sul pavimento o sul tappetino, con le mani lungo i fianchi. I gomiti dovrebbero essere vicini ai fianchi, piegatevi a un angolo di 90 gradi, i piedi premuti saldamente a terra.

Passo 2: Quindi, sollevate il corpo dal pavimento estendendo le braccia per spingersi verso l'alto, sollevando il corpo in posizione da tavolo. Immaginate che se qualcuno dovesse entrare e provare a tenere in equilibrio una tazza sul vostro busto, potrebbe farlo prima che voi siate fermi.

Passo 3: piegate nuovamente le braccia mentre tornate alla posizione iniziale di 90 gradi, abbassando il sedere finché non tocca quasi il tappetino e poi si alza di nuovo.

Ripetere questo movimento 24 volte (3 serie da 8 ripetizioni). Man mano che iniziate a diventare più forti, aumentate il numero di ripetizioni. Per maggiore intensità, sollevate quello sinistro dal pavimento e calciatelo di fronte a voi mentre sollevate il corpo dal pavimento, tenetelo sollevato dal pavimento anche quando vi abbassate e spingete di nuovo verso l'alto. Cambiate gamba per lavorare allo stesso modo su entrambi i lati.

Allenamento della Parte Superiore del Corpo 10- Push-up con rotazioni di torsione

Quando iniziate a sentire che il vostro corpo diventa più forte ad ogni movimento del peso corporeo che fate, sfidate ancora di più la parte superiore del corpo rendendo le vostre braccia più forti che mai quando aggiungete una leggera variazione al vostro normale movimento push-up: *una torsione nella parte superiore*

Passo 1: iniziate in una posizione di plank per questa mossa. Mettete i piedi in linea con i fianchi e le braccia direttamente sotto le spalle. Allargate le braccia ai lati per poter completare un push-up su tutto il corpo senza sacrificare la forma.

Passo 2: abbassate il corpo verso il pavimento, completate il push-up e tornate alla posizione iniziale in alto.

Passo 3: quando siete in cima, ruotate la parte superiore del corpo verso destra, sollevando la destra sopra di voi con la punta delle dita rivolta verso il soffitto. Guardate in alto a portata di mano mentre lo fate. Il bacino e i fianchi dovrebbero rimanere fermi, non lasciateli salire o scendere durante la torsione.

Passo 4: tornate alla posizione del plank, completate un altro push-up e ruota a sinistra questa volta quando salite in cima.

Ripetere questo movimento 16 volte (2 serie da 8 ripetizioni). Man mano che iniziate a diventare più forti, aumentate il numero di ripetizioni e la velocità con cui completate il push-up e la torsione.

Capitolo 3: Allenamenti per la Parte Inferiore del Corpo

Allenamento Inferiore del Peso Corporeo 1 - Squat

Un vecchio, ma un tesoro. Gli squat lavorano su più gruppi muscolari contemporaneamente, motivo per cui continuano a rimanere i preferiti di molti istruttori di fitness.

Passo 1: iniziate stando in piedi con i piedi alla larghezza delle spalle, le ginocchia leggermente piegate e assicuratevi che le ginocchia non siano puntate sopra le dita dei piedi.

Passo 2: posizionate leggermente entrambe le mani dietro la testa su entrambi i lati (la mano destra dovrebbe essere dietro l'orecchio destro, la mano sinistra dietro l'orecchio sinistro), con la punta delle dita che tocca leggermente la parte posteriore della testa.

Passo 3: immaginate di avere una sedia direttamente dietro di voi. Iniziate a piegare i fianchi e le ginocchia quasi come se steste per sedervi su quella sedia. Assicuratevi che le ginocchia non si estendano oltre le dita dei piedi mentre cercate di sedervi, così saprete di avere la postura giusta per il movimento. Tutto il vostro peso dovrebbe essere trasferito sui talloni, ecco dove si concentra.

Passo 4: tenete il petto e le spalle in posizione eretta durante il movimento dello schienale, assicuratevi di non piegarvi in avanti. Se può essere d'aiuto, cercate di concentrarvi su un punto o un oggetto che si trova direttamente davanti a voi per tenere il petto e le spalle dritte. Tenete la testa e gli occhi rivolti in avanti, non irrigidite la schiena.

Passo 5: tenere lo squat per 2 secondi e tornare alla posizione in piedi, utilizzando il peso sui talloni per aiutare a riportare il corpo in alto.

Fatelo 16 volte (2 serie da 8 ripetizioni). Man mano che iniziate a diventare più forti, aumentate il numero di ripetizioni.

Allenamento inferiore del Peso Corporeo 2 - Salta gli squat

Gli squat con salto sono un movimento pliometrico che farà aumentare la frequenza cardiaca e brucerà più calorie mentre lo fate.

Passo 1: state con i piedi alla larghezza delle spalle, con le mani posizionate saldamente su entrambi i lati dei fianchi o unite saldamente di fronte a voi (proprio come fareste in uno squat).

Passo 2: proprio come fareste per sedervi in uno squat, ripetete lo stesso movimento tranne questa volta, aggiungete un salto esplosivo dopo lo squat prima di tornare in posizione eretta.

Passo 3: quando saltate, atterrate dolcemente con entrambi i piedi e non bloccare le ginocchia, mantenetele piacevoli e rilassate, quindi non c'è pressione aggiuntiva sull'articolazione.

I principianti dovrebbero mirare a farlo 16 volte (2 serie da 8 ripetizioni). Man mano che diventate più forti, aumentate il numero di ripetizioni e cercate di saltare più in alto ogni volta.

Una volta che diventate più forti nel movimento, potete iniziare a farlo anche più velocemente.

Allenamento Inferiore del Peso Corporeo 3 - Sedersi a parete

Le sedute a muro vi aiuteranno a rafforzare i quadricipiti, i muscoli posteriori della coscia, i polpacci e migliorare il vostro equilibrio.

Passo 1: iniziate stando con la schiena contro il muro. Alzatevi in piedi con le spalle indietro. Non dovreste stare troppo vicini al muro che avete difficoltà a piegare le ginocchia.

Passo 2: una volta posizionati comodamente, iniziate alzando le braccia davanti a voi, distese all'altezza delle spalle. Se avete un migliore equilibrio, potete posizionarle sui fianchi.

Passo 3: Scivolate in posizione seduta, usando il muro come supporto, finché le ginocchia e i fianchi non sono piegati a un angolo di 90 gradi. Continuate a mantenere la parte superiore della schiena e le spalle in posizione verticale (usando il muro come supporto). Entrambi i piedi dovrebbero essere ben appoggiati a terra e il peso del corpo distribuito uniformemente tra i due piedi.

Passo 4: mantenete questa posizione per 30 secondi se siete dei principianti prima di tornare in posizione eretta. Se siete più esperto, potete provare a mantenere la posizione per 60 secondi.

Ripetete questo movimento 12 volte (2 serie da 6 ripetizioni ciascuna). Man mano che diventate più forti, aumentate gli intervalli di tempo di 30 secondi ogni volta.

Allenamento con Peso Corporeo Inferiore 4 - Affondi Frontali

gli affondi sono rivolti ai quadricipiti, ai tendini del ginocchio, ai polpacci e ai muscoli del nucleo, e sono tra gli esercizi più efficaci per tonificare e costruire la muscolatura.

Passo 1: state in piedi con i piedi alla larghezza delle spalle, con le mani posizionate saldamente su entrambi i lati dei fianchi.

Passo 2: fate un passo avanti (potete iniziare con la destra o con la sinistra). Tenete le spalle indietro, la schiena alta e guarda direttamente davanti a voi per mantenere la postura.

Passo 3: se fate un passo avanti con il piede destro per primo, il vostro peso dovrebbe essere sulla pianta del piede sinistro. Quando siete pronti, iniziate a piegare entrambe le ginocchia fino a raggiungere un angolo di 90 gradi.

Passo 4: se fate un passo avanti con il piede destro per primo, le ginocchia non dovrebbero estendersi troppo oltre le dita dei piedi quando vi piegate con un angolo di 90 gradi. La parte superiore del corpo e lo sguardo dovrebbero rimanere in avanti, concentrandosi sullo stesso punto o oggetto di fronte a voi. Questo vi aiuterà a mantenere l'equilibrio.

Passo 5: tornare in posizione eretta. Potete riprendere il movimento con la stessa gamba o cambiare gamba.

Ripetere questo movimento 32 volte (16 affondi per gamba). Man mano che diventate più forti, aumentate il numero di ripetizioni per gamba che fate.

Allenamento a Peso Corporeo Inferiore 5 - Affondi con salto

Come per gli squat con salto, questi affondi con salto sono un movimento pliometrico che farà aumentare la frequenza cardiaca e brucerà più calorie mentre lo fate. Poiché questo è considerato un esercizio più avanzato, passate a questo movimento del peso corporeo solo quando avete padroneggiato il movimento di base dell'affondo.

Passo 1: state in piedi con i piedi alla larghezza delle spalle, con le mani posizionate saldamente su entrambi i lati dei fianchi (proprio come fareste in un affondo).

Passo 2: fate un passo avanti (potete iniziare con la destra o con la sinistra). Tenete le spalle indietro, la schiena alta e guarda direttamente davanti a voi per mantenere la postura.

Passo 3: se fate un passo avanti con il piede destro per primo, il vostro peso dovrebbe essere sulla pianta del piede sinistro. Quando siete pronti, iniziate a piegare entrambe le ginocchia fino a raggiungere un angolo di 90 gradi.

Passo 4: quando siete in una posizione di affondo, saltate e contemporaneamente cambiate gamba, atterrando di nuovo con un salto tranne che questa volta con la gamba opposta nella posizione piegata in avanti di 90 gradi. Se avete iniziato con il vostro affondo con il piede destro, quando saltate e cambiate aria dovreste ora atterrare con il piede sinistro. Assicuratevi sempre che il vostro atterraggio sia piacevole e tranquillo, con le ginocchia morbide.

I principianti dovrebbero mirare a farlo 16 volte (2 serie da 8 ripetizioni). Man mano che iniziate a diventare più forti, aumentate il numero di ripetizioni.

Allenamento con Peso Corporeo Inferiore 6 - Affondi inversi

Questa mossa fa lavorare anche i quadricipiti, in particolare i muscoli nella parte superiore anteriore delle gambe, i glutei ei muscoli adduttori nelle cosce e nei polpacci.

Passo 1: state in piedi con i piedi alla larghezza delle spalle, con le mani posizionate saldamente su entrambi i lati dei fianchi.

Passo 2: fate un passo indietro (potete iniziare con la destra o con la sinistra). Tenete le spalle indietro, la schiena alta e guarda direttamente davanti a voi per mantenere la postura.

Passo 3: se fate un passo indietro con il piede destro per primo, il vostro peso dovrebbe essere sulla pianta del piede sinistro. Quando siete pronti, iniziate a piegare entrambe le ginocchia fino a raggiungere un angolo di 90 gradi. Abbassate il ginocchio piegato con la schiena il più possibile a terra.

Passo 4: se fate un passo indietro con il piede destro per primo, le ginocchia non dovrebbero estendersi troppo oltre le dita dei piedi quando vi piegate con un angolo di 90 gradi. La parte superiore del corpo e lo sguardo dovrebbero rimanere in avanti, concentrandosi sullo stesso punto o oggetto di fronte a voi. Questo vi aiuterà a mantenere l'equilibrio.

Passo 5: tornare in posizione eretta. Potete riprendere il movimento con la stessa gamba o cambiare gamba.

Ripetere questo movimento 32 volte (16 affondi per gamba). Man mano che diventate più forti, aumentate il numero di ripetizioni per gamba che fate.

Allenamento Inferiore del Peso Corporeo 7 - Ponti glutei

Se avete problemi ad accovacciarvi o ad affondare a causa di un infortunio precedente, questo allenamento è la cosa migliore che possiate fare per tonificare e rafforzare i glutei, i tendini del ginocchio e la parte bassa della schiena allo stesso tempo.

Passo 1: sdraiatevi sul tappetino per esercizi, distesi sulla schiena. Assicuratevi che la schiena non sia inarcata durante questa posizione.

Passo 2: piegate le ginocchia in posizione verticale, mantenendo i piedi ben saldi a terra. Le braccia dovrebbero essere lungo i fianchi, i palmi rivolti verso il basso, premute sul tappetino per un maggiore sostegno.

Passo 3: spostate il peso sui talloni mentre siete sdraiati in questa posizione. Quando siete pronti, sollevate i fianchi, sollevando la metà inferiore del corpo dal materassino senza inarcare troppo.

Passo 4: quando avete sollevato i fianchi più in alto che potete, stringete i muscoli dei glutei nella parte superiore del movimento. Immaginate di avere una matita tra i glutei e di cercare di stringerli insieme per evitare che la matita cada. Tenete gli addominali tesi durante questo movimento per evitare che la parte bassa della schiena si inarchi.

Passo 5: mantenere la posizione per un secondo o due e poi tornare alla posizione iniziale.

Ripetere questo movimento 16 volte (2 serie da 8 ripetizioni). Man mano che diventate più forti, aumentate il numero di ripetizioni e la lunghezza della vostra posizione di attesa in alto.

Allenamento Inferiore del Peso Corporeo 8 - Serie idrante antincendio

Questa mossa è eccellente per migliorare la mobilità, il che vi aiuterà a eseguire gli altri esercizi per la parte inferiore del corpo in modo più efficace.

Passo 1: posizionatevi sul tappetino in una posizione da tavolo. I palmi delle mani e le ginocchia dovrebbero essere premuti sul materassino, gli addominali chiusi in modo che la schiena non sia inarcata o inclinata.

Passo 2: quando siete pronti, iniziate sollevando una gamba di lato, mantenendola a 90 gradi come fate.

Passo 3: sollevate il ginocchio piegato al livello dell'anca al vostro fianco, tenete premuto per un secondo e poi tornate alla posizione iniziale originale.

Passo 4: eseguire un paio di ripetizioni su una gamba prima di cambiare gamba.

Ripetere questo movimento 32 volte (2 serie da 8 ripetizioni). Man mano che iniziate a diventare più forti, aumentate il numero di ripetizioni.

Capitolo 4: Allenamento Addominale

Core Workout 1 - The Russian Twist

Sembra una mossa di danza, ma questa manovra brucerà l'intera sezione centrale e gli obliqui.

Passo 1: sedersi comodamente sul tappetino e piegare le ginocchia. I talloni dovrebbero essere a circa un pollice di distanza dal sedere.

Passo 2: reclinarsi all'indietro mantenendo il core teso per coinvolgere i muscoli addominali. Tenete la schiena il più dritta possibile e non incurvatevi durante il movimento. Appoggiatevi il più indietro possibile senza compromettere la vostra forma.

Passo 3: alzate le mani davanti a voi e unitele. Iniziate a ruotare e torcere da sinistra a destra e viceversa, mantenendo il core impegnato per tutto il tempo.

Ripetere questo movimento 16 volte (2 serie da 8 ripetizioni). Man mano che si diventa più forti, ci si piega più indietro nel movimento per impegnare ancora di più il proprio nucleo senza compromettere la forma. Per maggiore intensità, sollevate uno o entrambi i piedi dal pavimento mentre tornate.

Core Workout 2 - Le biciclette

Eseguite questo movimento a corpo libero noto come The Bicycles per colpire simultaneamente i vostri obliqui e il retto dell'addome.

Passo 1: sdraiatevi sul tappetino, premendo la parte bassa della schiena contro il pavimento. Non inarcare la parte bassa della schiena.

Passo 2: Quindi, posizionare le mani dietro la testa, con la punta delle dita che sfiorano leggermente la testa. Portate le ginocchia piegate ad angoli di 90 gradi.

Passo 3: sollevate la parte superiore del corpo finché non sentite le scapole sollevarsi dal pavimento. Non tirare o sforzare il collo durante questo movimento. Mentre vi alzate, ruotate la parte superiore del corpo portando il gomito destro verso il ginocchio sinistro mentre piegate il ginocchio in dentro. La gamba destra si estende a un angolo di 45 gradi mentre lo fate.

Passo 4: cambiate lato e fate la stessa cosa sull'altro lato.

Ripetere questo movimento 20 volte (2 serie da 10 ripetizioni). Man mano che vi rafforzate, aumentate il numero di ripetizioni. Per questa mossa, non si tratta di quanto velocemente si può andare, ma di quanto bene si può mantenere la forma per tutta la durata della mossa, quindi va bene andare lentamente e con calma fintanto che si sta andando bene.

Allenamento a Peso Corporeo Superiore 3 - Il Calcio a Forbice

Passo 1: iniziate sdraiandovi sulla schiena, pianificando le mani sul pavimento al vostro fianco o sotto la parte bassa della schiena se avete bisogno del supporto extra.

Passo 2: sollevate la gamba di un paio di centimetri da terra. Sollevate le scapole dal tappetino, ma ora sforzatevi o tirate il collo.

Passo 3: incrociate la caviglia sinistra sulla destra, quindi cambiate e ripetete.

Ripetere questo movimento 16 volte (2 serie da 8 ripetizioni). Man mano che iniziate a diventare più forti, aumentate il numero di ripetizioni.

Allenamento con Peso Corporeo Superiore 4– Il movimento del plank a due punti

Questa mossa può essere difficile da fare se non avete ancora padroneggiato la tavola di base, perché farà lavorare duramente i vostri muscoli del nucleo mentre lavorerete sulla vostra stabilità allo stesso tempo.

Passo 1: iniziate in una posizione di plank per questa mossa. Le mani dovrebbero essere direttamente sotto le spalle, le gambe distese dietro di voi mentre vi trovate in equilibrio sulle dita dei piedi.

Passo 2: una volta che siete in equilibrio e il vostro busto è bello e fermo, sollevate la gamba sinistra dal pavimento allungando contemporaneamente il braccio *opposto* (cioè il braccio destro) di fronte a voi. Mantenete la posizione per 5-10 secondi.

Passo 3: Quindi, portate il ginocchio sinistro e il braccio destro contemporaneamente, incrociando il corpo mentre il ginocchio e il gomito si incontrano al centro. Rilasciate di nuovo nella posizione di partenza e ripetete questa mossa sull'altro lato.

Ripetere questo movimento 16 volte (2 serie da 8 ripetizioni). Aumentate le vostre ripetizioni man mano che diventate più forti.

Allenamento a Peso Corporeo Superiore 5- La presa cava

Una mossa che sembra ingannevolmente semplice, ma non lo è. Perché creare un nucleo forte e stabile richiede un duro lavoro.

Passo 1: iniziate sdraiati sulla schiena, con le gambe distese davanti a voi. Allungate le braccia sopra la testa e stringete il core.

Passo 2: concentratevi sulla pressione della parte bassa della schiena sul tappetino. Ora, tirate l'ombelico, stringendo il core.

Passo 3: ad ogni inspirazione, sollevate leggermente le gambe, le spalle e le braccia dal pavimento. Tenete gli addominali tesi. Mantenete la mossa per 30 secondi prima di abbassarvi di nuovo.

Ripetete questo movimento 8 volte per iniziare. Man mano che diventate più forti nel movimento, aumentate il numero di ripetizioni che potete completare, cercando di aumentare ogni volta.

Allenamento per la Parte Superiore del Corpo 6- The Frog Crunch

Date una spinta ai vostri normali crunch con questa mossa intensa.

Passo 1: iniziate sedendovi sul tappetino, in equilibrio sulle ossa dei sedili. Dovreste essere in grado di sollevare comodamente i piedi leggermente dal pavimento. Le braccia dovrebbero essere allungate lateralmente al corpo.

Passo 2: mentre inspirate, tirate verso il petto con il movimento scricchiolante e contemporaneamente avvicinate le braccia per abbracciarvi intorno alle ginocchia. Espirate e rilasciate di nuovo nella posizione iniziale.

Ripetere questo movimento 20 volte (2 serie da 10 ripetizioni). Man mano che diventate più forti nel movimento, aumentate il numero di ripetizioni e serie che eseguite.

Allenamento della Parte Superiore del Corpo 7– Il Pilates Roll-Down

Passo 1: sedetevi sul tappetino con le braccia sollevate sopra la testa, le ginocchia piegate e i piedi premuti saldamente sulla pianta. Mentre raggiungete le braccia in alto verso il soffitto, immaginate di tirare e allungare la colonna vertebrale.

Passo 2: espirate e contemporaneamente rotolate sul pavimento con un movimento regolare e controllato. Tenete le braccia vicine alla testa in modo che quando siete a terra, dovrebbero essere direttamente parallele al pavimento.

Passo 3: staccatevi lentamente dal tappetino mentre espirate, con un movimento lento e controllato e tornate alla posizione iniziale originale.

Ripetere questo movimento 12 volte su ciascun lato (2 serie di 6 ripetizioni per lato). Man mano che diventate più forti nel movimento, aumentate il numero di ripetizioni e serie che eseguite.

Core Workout 8– Standing Kick Crunch

Passo 1: alzatevi in piedi con i piedi alla larghezza dei fianchi. Inspirate ed espirate alcune volte mentre inizite a coinvolgere gli addominali.

Passo 2: mentre inspirate, sollevate la gamba destra dal pavimento, estendendola in un calcio di fronte a voi mentre contemporaneamente portate la mano sinistra in avanti quasi come se steste per toccare le dita dei piedi della gamba destra.

Passo 3: tenete gli addominali impegnati durante il movimento, in modo che vi sentiate come se steste scricchiolando mentre siete in piedi. Tornate alla posizione di partenza e cambiate gamba, ripetendo questa mossa sull'altro lato.

Fatelo 20 volte (2 serie da 10 ripetizioni ciascuna). Aumentate il numero di ripetizioni man mano che diventate più forti.

Core Workout 9– Butterfly Crunch

Passo 1: posizionatevi sul tappetino. Piegate e chiudete le ginocchia, mettendo insieme le anime dei vostri piedi. Le braccia dovrebbero essere sollevate sopra la testa, i palmi premuti insieme.

Passo 2: espirate portando simultaneamente le mani e le ginocchia l'una verso l'altra, sollevando le scapole e i piedi dal pavimento. Le vostre mani dovrebbero incontrare le dita dei piedi.

Passo 3: mantenete questa posizione per 5 secondi, stringendo gli addominali prima di rilasciarli e tornare all'inizio.

Ripetete questa mossa 12 volte (2 serie da 6 ripetizioni). Man mano che iniziate a diventare più forti, aumentate il numero di ripetizioni.

Core Workout 10 - The Runner Crunch

Immaginate di correre, tranne questa volta sul tappeto.

Passo 1: iniziate sulla schiena. Piegate i gomiti con un angolo di 90 gradi sul lato del corpo. Coinvolgete il vostro core prima di iniziare questa mossa.

Passo 2: Arrotolate in posizione seduta, portando il gomito sinistro in dentro e ruotandolo verso il ginocchio destro, che alzerete e piegherete allo stesso tempo. Dovrebbe apparire come se steste correndo.

Passo 3: abbassare e tornare alla posizione iniziale e ripetere questa mossa sul lato sinistro.

Ripetere questo movimento 16 volte (2 serie da 8 ripetizioni). Man mano che iniziate a diventare più forti, aumentate il numero di ripetizioni e la velocità.

Conclusione

Complimenti! Grazie per essere arrivati fino alla fine di questo libro, speriamo che sia stato informativo e in grado di fornirvi tutti gli strumenti necessari per raggiungere i vostri obiettivi, qualunque essi siano.

Vedete quanto è facile ottenere un allenamento completo di forza per il vostro corpo senza bisogno di attrezzature? L'allenamento di Calisthenics è uno dei migliori allenamenti che si possano fare per la facilità con cui lo si segue, e lo si può fare ovunque ci si trovi!

Fate queste mosse di allenamento della forza una alla volta sulle aree che vi servono per lavorare, oppure combinate più mosse per un intenso allenamento della forza e iniziate a vedere una vera differenza per il vostro fisico e la vostra forma fisica prima di rendervene conto.

www.ingramcontent.com/pod-product-compliance
Ingram Content Group UK Ltd.
Pitfield, Milton Keynes, MK11 3LW, UK
UKHW022024190726
13853UKWH00005B/2094

9 798729 860197